U0366104

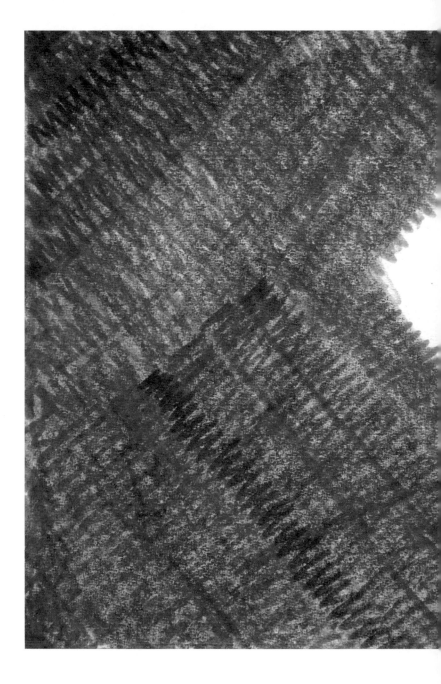

数字社会企业文化三部曲

小 苍 穹
企 业 思 想 治 理 体 系

荆玉成　边　心　刘　毅　著

中国城市出版社

目　录

序　一

新的觉悟

我国许多企业的企业文化建设长期处于拿来主义阶段，鲜有针对时代变化对企业及企业文化的影响、企业文化的内在逻辑、企业的不同成长阶段需要什么样的文化、战略执行需要何种文化匹配等内容进行深入研究；对企业文化与企业思想的相互关系、着力点与抓手混淆不清，导致企业文化建设与经营实践两张皮，文化理念在天上飘，员工行为在地下爬，效果始终不如人意。究其根本，则是对企业文化缺乏系统思考和更高层面的反思与归纳。

研究企业文化理论的人缺乏实践的检验，从事企业文化建设的人缺乏理论研究，已经成为企业文化研究与实践领域的尴尬现状。而荆玉成先生则是一位既有丰富的企业文化实战经验又有很强理论功底的不可多得的复合式人才。荆玉成先生集三十余年企业文化建设之经验，先前出版的一本《原力觉醒》已经让我们感受到作者对企业文化力量的深刻把握，这本《小苍穹　企业思想治理体系》则从思维、逻辑、美学的角度系统地将企业文化的原点再次清晰地展示出来，同时用工具、模型和方法指导企业文化建设的有效性，既有理论高度，也有实践指导价值，实属难得的佳作。

此书源于作者多年企业文化建设实践之总结，又置于数字化时代大背景下来阐述，更具时代和现实意义。

数字社会呈现出新型的生产力与生产关系，"去中心化"的显著特征极大影响到企业现行的管理体系，企业内部和外部的市场化界限逐渐模糊，内外部联动、协同形成的大链接已经成为事实，企业和用户互为客户乃至逐渐成为一体，客户成为价值链中的必要一环……数字化时代不仅仅影响到企业的思想体系（生存方式选择、经营管理的价值导向等），更会影响到员工的价值观，进而影响企业的绩效和团队建设。

因此，作者鲜明地提出了自己的观点：企业文化等同于企业生活。即企业文化的内涵与企业生产生活方式合二为一，企业家精神、治企理念与企业战略、发展规划、管理实践和企业行为成为一体。此观点不仅极大地丰富了企业文化的内涵和外延，而且就此将企业思想体系和企业文化重叠起来，无疑是一种新的认知，新的觉悟。

如何形成数字社会企业思想的治理体系，正是基于上述认知和觉悟形成的。

以核心价值观为中心，以使命、愿景为牵引，以沟通交流为载体，以价值美学为企业文化场。本书构建的文化建设与落地模型，将企业文化置于企业基本面、价值基本面、管理基本面，使思想治理体系更加明确而具体，使价值观更加明晰且便于践行，一种新的范式跃然而出。

我们和作者长期合作，深知其所在的单位企业文化建设之所以成绩斐然，成效显著，很大基础上是源于作者的不断思考与实践探索。企业文化建设不仅仅要有拿来主义，更需要思考，需要觉悟，才能独具特色，形神兼备。

《小苍穹：企业思想治理体系》是作者多年来经验感悟、思想觉悟的产物，也是帮助更多从事企业文化建设的工作者们开悟之读本。

彭剑锋

华夏基石管理咨询集团董事长

中国人民大学劳动人事学院博士后导师

序　二

深刻的觉醒

玉成同志近期完成了《小苍穹：企业思想治理体系》一书，这是他继《原力觉醒》之后，又一部企业文化领域的专著。承他的信任，我得以先睹为快。在细细品读全书之后，我感到十分震撼和欣喜：这是一部写于当代、面向未来的高度原创性企业文化理论著作。

近年来，面对高速变化的中国社会，特别是中国企业的快速崛起，我对企业文化理论的中国化有一种迫切感。中国当代社会科学理论研究，大多运用西方的理论框架和模式，企业文化理论也不例外。企业文化理论自20世纪80年代传入中国，经过中国企业的长期实践和反复探索，形成一些基本的观点共识，探索出一些基本的运作规律。但从概念、观念、逻辑、体系等理论层面而言，原创性仍然不够，这使得企业文化理论常滞后于中国企业文化的实践。在百年未有之大变局来临之际，在文化自信的新时代，企业文化理论建设的核心和根本，在于建立具有中国风格的企业文化理论，立足于中国的土壤，提炼出有中国特色的概念和工具，为中国企业实践服务。

《小苍穹：企业思想治理体系》恰逢其时。这本书通篇立足数字社会这个我们每个人都身处其中的客观世界，聚焦数字社会人的感知、思维、观念、行为、生活的巨大变化，研判其对企业经营管理和文化建设带来的影响与冲击，解析数字时代企业文化建设的逻辑规律，给出了一系列富有时代精神的观念、方法和工具。从时代、传统、企业家三个基础维度构建企业文化体系的基石，以价值观、企业标识作为企业文化体系的两个原点，从关爱、故事、娱乐等维度提供数字社会企业文化建设的新理念，并提出"思想治理"这一原创性的理论范式，重构了具有中国特色的企业文化体系——思想治理体系，指出企业文化由经验管理、科学管理、人本管理、文化管理发展为思想治理的新阶段，在宏观和微观之间，提供了一个看待和思考当代中国文化自信的中观视角。

本书是与数字时代的对话，字字句句直指问题，以理性的光芒照亮了企业文化的时代方位；是与企业家的对话，以大量企业文化实践案例和通达贯穿的分析阐述，将"企业文化是从企业家胸膛里长出来的""文化即生活""两个原点""第二次生产""价值传播的价值""企业美学"等概念、观点娓娓道来；是与企业文化从业者的对话，充分体察他们在变局中的不适应、迷茫与误区，给出了方向和方法。这些闪光的思想全部脱胎于玉成同志所说的"经验质感"，是他对三十年企业文化实践进行的理论跃升。相对于《原力觉醒》的微观实务，我愿将这一次的理论创新称之为又一次觉醒，而且是一次更深刻的觉醒。

掩卷而思，我与玉成同志已相交十余年，在很多企业文化重要会议或者论坛上，多次听到他的现场演讲。他的思考总是瞄准时代前沿，见解总是新颖独到又充满睿智，语言收放自如，极具感染力。在日常工作交流中，深感他身上有着难得的人文情怀与治学精神，这一点十分令我敬佩。顾炎武曾说："君子之为学，以明道也，以救世也。"这也许便是一部"明道"之作。我向玉成同志表示祝贺，并郑重地将它推荐给各位读者。希望这一缕文化的春意，能为新时代的中国企业生发出盎然的新生活。

孟凡驰

中国企业文化研究会理事长、教授

前　言

为什么是理性

2020年以来的一段时光是如此特殊，给每个人留下深深刻痕。可能，也改变了我们的生命轨迹。

人们直面疫情之下的生活，生与死不时在上演。规则、常识、道德、底线、边界，被无知、利益打破或抛弃。

费孝通说，科学在近现代迅猛发展，而人性两千年却没有大的变化。30年前听到这番话吃惊不小，今天许倬云讲了同样的话。海德格尔讲，现代性的一个基本现象是神性的消亡，宗教这座金碧辉煌的价值大厦正在崩塌，人类只能依靠历史的积累，依靠文明的进步，依靠理性。李泽厚称"历史有积累性"，包括科技工具、知识常识，还包括人们内心的日益复杂、丰富和多样。所以在我看来，常识、理性在数字社会的今天，比历史上任何时期都重要。李泽厚说，"最普遍的常识其实常常是最重要的。所以我寸步不让。越骂我，我就讲得越多"。

网络、数据、算法，本身只是手段或工具，只负责"计算"，不负责善与恶、真与假、美与丑的"判断"，它们仅给出1或0的"计算"。价值判断、道德判断，它们先天无能为力。搜索引擎得到的答案，会让你半信半疑，甚至永远让你怀疑。许倬云说，信息只是材料、素材，经过自己的加工，变成你对事物的判断和支撑才叫知识，再进一步梳理、沉淀、检验才叫常识。我们在企业文化实践中体会到，平视、倾听、真诚、关爱、载体、模块、图像、流量，传统、时代、价值观、生活等，这一切是常识。文化即生活，也是常识；企业文化是从企业家胸膛里长出来的，也是常识；时代、民族传统和企业家作为企业文化的三大基石，同样是常识。李泽厚说，"西方是两个世界，要到天国去。中国就是停留在这个世界，要重视这个世界的感情"。"中国人看重历史，因为生活就是悲欢离合啊，历史就是日常生活啊，这个世界的日常生活就是根本"。从这个角度再看"文化即生活",企业文化的概念就发生了重大变化,这不同样是常识吗?只是在理性上,我们越来越缺少判断,缺少思考,跟随历史惯性和社会潮流人云亦云。在数字社会里,数字技术得到极大发展,大数据的产生,AI的出现,人的理性却退化了,不思考、不想思考、不愿思考成为现象。

人类今天为何会变得不愿思考呢?当然,这个结论还不能轻易定义或给出,即使我们放眼看今天世界的某些无序、混乱和不确定性。海德格尔概述现代性5个现象,其中之一是技术,现代技术是最基本的现代现象。"理论家"们一致的看法和结论是,现代技术是人类社会发展到今天的"毒药",也是"解药"——解铃还须系铃人。李泽厚说,"科技生产力产生了理性,使人的心理不同于动物。人的理性不是天赐的,不是生来就有的,而是使用工具产生了理性"。李泽厚强调的是工具理性,而现代科技爆炸性发展,又让人们在理性上失范和失度。今天的数字社会,海量信息有真有假,真假难辨,很大程度上"增加了世界的熵",成为这个世界的噪声量。这种信息过量的肯定性，已经上升为一种社会现象，社会变否定为肯定，成为一个肯定社会。肯定社会让神经系统持久、过度地紧张、疲劳，抑郁症、倦怠综合征和注意力缺陷、多动症等现代疾病随之出现。每天的时间被信息切碎，一点一点地占用，你没有精力去读书，很难有空闲让自己安安静静地去思考，我们疲于奔命，只有招架之功。人们被海量信息裹挟着，如一叶扁舟在数字的大江大海里漂流，我们能做的是在大风大浪中确保安全地顺流而下，顺便享受信息、大数据、互联网、人工智能、区块链带来的方便、刺激和快感。思考、判断是被动的、一时的、少数人的；人云亦云、寻求认同是主动的、常态的、多数人的。今天的数字社会，完全是一种经历社会，不同于经验，往往是一次性的，经历过了就过去了，不具备通往他者的入口。信息并不一定能给我们带来新的认知和真理，信息并不全是知识，它无法让我们作出准确地判断，因为只有知识和常识才具有判断、识别的功能。韩炳哲说，"肯定性的信息不能改变和预告任何事情，因而是无果的"。

所以现今判断、思考、凝思就变得尤为珍贵。这个过程就是运用知识、经验、理论、智慧，以不同的眼光对这个世界进行判定，努力地去唤醒理性。韩炳哲说："信息和数据的铺天盖地，使得今天比任何一个时代都更需要理论。理论能够防止不同的事物被混为一谈而无序滋长，因而可以有效地减少熵。理论先是净化世界，进而才是解释世界。人们必须回到理论、仪式和礼俗的开端。它们为这个世界以及万物的运转规定了形式，提供了框架，使它们具备了边界。"思考产生的理论，可以帮助我们进入无人之境，在一派喧嚣迷乱中辟出一条通道。企业管理已从经验管理、科学管理、人本管理、文化管理发展到今天的思想治理，企业文化不仅仅是三大体系或四大体系，文化即生活，文化即管理，文化即战略，企业文化将企业一切观念行为，包括价值、理念、制度，包括战略、管理、行为等都涵盖其中。在数字化时代，企业文化的内涵和外延都发生了根本性的变化。康德说，理性是人类的特征。李泽厚讲，"哲学只是制造概念，提出视角以省察一切"。我们只想通过企业文化的一个小小的理性天窗，提供一个看待和思考企业管理的工具。

数字社会让我们迷茫和困惑的原因恰恰在这里，让人们无法、无暇去思考。我们的感官、欲望和内心，包括日常工作，早已被这个数字社会所遮蔽，我们在不知不觉中把时间毫无方向感地散射掉，分散成点状的"当下"，时间变成加法，清空了所有叙事性。韩炳哲说，"只有加法的、非叙事的过程才能加速"。数字社会是透明社会、加速社会，而仪式和典礼是叙事性的过程，它回避了加速。只有通过叙事性做减法，让我们彻底安静下来，停靠在时间长河的岸边，才有机会思考，在安静中做一次有趣的美妙探险。信息过量引发肯定性过量，导致立场站队，形成群体。一个人一旦进入群体便容易失去独立精神，失去独立的思考和判断能力。互联网和新媒体更加剧了"他者的消失"。今天，任何一个人，任何一个观点，都可以在线上找到拥趸。经过算法工具，让每个人更加沉浸于自己感兴趣的领域中，看自己愿意看的内容、相信自己愿意相信的内容，进入信息"茧房"。一个客观现象是，随着年龄增长和阅历提升，一些人不但没有变得更开放，恰恰相反，变得更固执，更容易困在自己的世界里。

肯定性还触发了"理论之殇"。知识的获取越来越碎片化。人们普遍感到系统性学习非常重要，但往往停留在嘴上，或者东一本书、西一本书地看，看完就丢到一边，没有入脑入心，没有反思和沉淀，更没有形成为我所用的理论。当今的理论危机和思考浅薄，与文学艺术的危机如出一辙，人们为了获得肯定性，不断消除否定性，这种过度的肯定性将社会变成肯定社会、加速社会。按照黑格尔的说法，否定性存在于思考之中，否定性是思考的根本。而今天，我们无法在自己的领地做一次完整的叙事，一次美好的旅程。理论的储备不足和后继乏力，使我们在思考时常有力不从心之感，难以获得理性的支撑，难以形成高质量的判断。我们日常看到的一个普遍现象是，日复一日、月复一月、年复一年在一个水平上重复工作，这便是理性缺失的一个典型现象。

还有一个可怕的现象是，数字社会似乎无需你去思考。只要你拥有了海量数据，数据自然会说话，理论模型变得多余。思考是一个不确定、不稳定的状态，意味着需要耗费更多的资源和时间。人性天生喜欢安逸，只要一段信息看起来合理，不需要消耗额外的精力去辨识，就很容易被大脑接受。于是，大数据取代了思考，人们依赖于结果，不看重模型，不看重过程，不看重推理。大数据正在成为权威，削弱了因果关系、逻辑和理论，大数据似乎等于逻辑和结论。克里斯·安德森在《理论的终结》中写到："像谷歌这样，在巨大规模数据的时代里成长起来的企业，如今不必再去选择错误的模型。它们实际上根本不必去选择任何一种模型。"克里斯·安德森的基本观点是，理论的价值正在弱化和萎缩。在数字社会看来，一旦有了足够的数据，人的理性思考就变得无足轻重。这无疑给人类非理性思考找到一个天然的借口，"为什么"让位于"就是这样"。

回归理性成为理性的必然。而理性背后的力量或许是感性，是爱。爱是人类美好而纯粹的情感，是人类最原始最本真的生命力，也是理性得以成为可能的一个前提和基础，"哲学是从爱欲到理性的转化"。一个人对世界、对生命本身有多么深沉的爱恋、激情和冲动，就会对世界、对生命本身有多么深刻的思考和洞见。唯有如此，我们才能找到生命的真谛、幸福和愉悦。俄裔美籍小说家、剧作家和哲学家安·兰德借用小说《阿特拉斯耸耸肩》里高尔特之口道出自己的信念："只有理性的人才有可能获得幸福，因为他只想实现理想目标，只追求理性价值，只有在理性行为中才能找到乐趣。"

这几年时间，我们在一个个已知与未知领域，打了一眼又一眼竖井，那里漆黑寂静。每个周日的"沙龙"，我们激烈辨析、考证、甄别，讲述每个人探险的故事，晒五光十色探险的成果。那一晚，过得那么快、那么幸福。那一晚，我们也许都有梦。海德格尔说，"每当我的思想迈出关键的一步，每当它朝着未经开发的领域探进一步，神那扇动着的翅膀就会触碰到我"。

在敫学社会里

文化即生活

进入思想治理时代

基岩

企业家的时代方位

活的价值观

第二原点

总是去抚慰

重构故事

娱乐主义

世界的工具箱

把自己作为方法

第二次生产

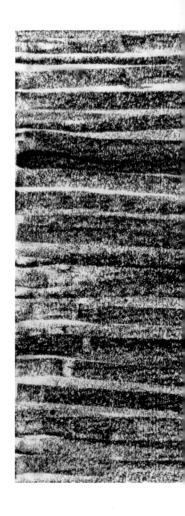

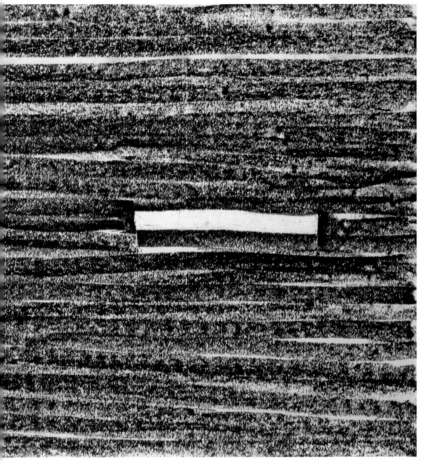

"一分为三" 之一（Ⅰ）

在数字社会里
——思想治理(上)

　　网络化、数字化、大数据、人工智能等信息技术的迭代与应用，孕育"数字社会"① 这一新社会形态。今天，数字是时间，是年龄，是物价，是 GDP，是 KPI；数字也是效率，是态度，是洞见，是创新，是创造。数字成为世界通用语言和世界构成的本质，是一种客观存在抑或真理。

① 本书所指数字社会，是指随着互联网、移动互联网、物联网及5G和云计算、大数据、区块链等数字技术的综合运用，现实世界里的人、物、事之间的交互关系重新构建，呈现以数字化为本质特征的社会形态。

　　科学技术作为推动历史的革命力量，今天尤显突出。"纵观世界文明史，人类先后经历了农业革命、工业革命、信息革命。每一次产业技术革命，都给人类生产生活带来巨大而深刻的影响。现在，以互联网为代表的信息技术日新月异，引领了社会生产新变革，创造了人类生活新空间，拓展了国家治理新领域，极大提高了人类认识世界、改造世界的能力"①。数字技术的综合运用，虚拟经济与实体经济的高度融合，生产者、消费者的直接链接，大数据精准、高效的资源配置等等，不断创造新的产业形态、商业模式、就业形态，成为推进现代化建设的强大动力，为中国经济社会发展提供了新动能和竞争力。数据作为一种全新的生产要素，资源配置更加精准高效，配置方式更加灵活多样，推动人、物等跨越地域、空间、边界有效连接，使人们的生产生活更加方便快捷，既能促进发展成果共享，也为人民群众创造美好生活提供了重要的科技手段。当前，我们就在经历、见证、体验这场人类历史上效率最高、规模最大的技术变革和社会变革。有人把 2020 年称作数字社会的元年，将其作为工业文明向数字文明演进的一个分水岭②。

数字社会"极大地改变着我们的行为、我们的感知、我们的感情、我们的思维、我们的生活"③，重构了时间、空间、供需、读写、学习、选择等多个维度的时

① 习近平在第二届世界互联网大会开幕式上的讲话，《人民日报》，2015年12月17日。

② 黄奇帆，《2020，是人类工业文明向数字文明演化的重要分水岭》，引自网络。

③ 韩炳哲.在群中——数字媒体时代的大众心理学[M].北京：中信出版集团，2019：前言.

序关系。

时间相对于人存在，是人们感知外部世界的刻度。农业社会，人们感知春夏秋冬四季分明，春种、夏耕、秋收、冬藏，周而复始。"从前的日色变得慢 / 车，马，邮件都慢 / 一生只够爱一个人"[①]。现在，"日新月异"已不足以表达时间的速度，信息以分秒为单位进行迭代，每时每刻都与上一刻不一样。人们仿佛陷入一个巨大的"时间黑洞"，时间被吞噬，被消散，"时间都去哪了"成为时代之问。

① 木心.云雀叫了一整天[M].桂林：广西师范大学出版社,2009.

数字技术本质上追逐时间。"没有最快，只有更快"是数字技术的生存逻辑。产品不断地迭代更新，资本才会不断地增值，最终实现利润最大化。快，意味着机会，意味着效益，意味着裂变，意味着纵横。争分夺秒抢占新技术，朝乾夕惕转化为生产力，生产力的提高催生出新的技术需求，螺旋式上升的技术创新，让生产生活呈现出集体加速状态，时间呈现出飞速流逝趋势，成为时间危机的第一症状。交通快了，信息快了，节奏快了，一切都快了。在北京的金融街、上海的陆家嘴、深圳的福田中心，清晨人群从四面八方潮水般喧嚣涌入，日暮人群又落潮般从高大的办公楼里冷清地退去，每一天只剩下"潮涨"和"潮落"两个简单动作，世界变成了0和1的"二进制"。日子从以天为周期，变为以年为周期，一年又一年，转瞬即逝。数字社会与以往全然不同的时间策略，使人们越来越关注单位时间的价值呈现，追求在有限的时间里，创造更多更大的价值。这让时间拥有了重量感。"21世纪的社会不再是一个规训社会，而是功绩社会"①。功绩社会以积极性为根本属性，以功绩的最大化为最终目的。"工作和效绩的过度化日益严重，直到发展成一种自我剥削。这比外在的剥削更有效率，因为它伴随着一种自由的感觉"②。为了提高自身效率，人们少有间隔、停顿和休息。对时间距离的感知，越来越与人的活跃程度强关联。当代人普遍感到独处的时间尤为珍贵，越远离工作中心，时间变得越长；越远离无效社交，

① 韩炳哲.倦怠社会[M].北京：中信出版集团，2019: 15.

② 韩炳哲.倦怠社会[M].北京：中信出版集团，2019: 20.

时间变得越长。

海量的信息和过度的资讯，把人们包裹得严严实实，大脑疲于应对和过滤，在与信息搏斗中逐渐失去思考的本能，无暇顾及信息的深度，注意力也被五花八门的信息一再稀释摊薄。韩炳哲[①] 说，信息爆炸"从根本上改变了注意力的结构和运作方式。感知因此变得分散、碎片化"[②]。注意力被切割，使人们持续专注于某一项事情的时间变短了，时间越来越碎，时间越来越短。"我觉得我不再像以前那样思考了，阅读时这种感觉尤其强烈。沉浸于阅读一本书或者一篇长文章在过去很容易。现在已经几乎很少发生这种情形了，现在读两三页之后我的注意力就开始分散，变得烦躁，跟不上作者的思路，开始去寻找别的东西。我觉得自己总要去把大脑拉回到书本上来。过去很自然就能深入的阅读，现在却要花很大的力气"[③]。这是《哈佛商业评论》前执行总编尼古拉斯·卡尔的

① 韩炳哲，1959年生于韩国首尔，韩裔德国哲学家，现任教于德国柏林艺术大学，是新生代哲学家的代表人物，著作有《倦怠社会》《透明社会》《爱欲之死》《在群中——数字媒体时代的大众心理学》等。

② 韩炳哲.倦怠社会[M].北京：中信出版集团，2019. 21.

③ 尼古拉斯·卡尔，《Google是不是在让我们变傻》，发表于2008年7~8月的《大西洋月刊》。引自中文网络。

苦恼，也是当代每个人的困惑。时间感的重大改变催生了时间观的重大改变，人们普遍更加"惜时"，或只争朝夕，或享受当下，极大变革了人们对于世界、对于人生、对于价值的认知和追求。

科学技术以其无限的创造力，永无休止地满足人类的欲望，过去甚至想都不敢想。交通工具的发明与更新替代，交通要素的智能与互联，对人类生存的社会空间产生巨大影响。空间时序实现了流动、延展与挣脱。当城市内部的交通系统开始共享，城际间的公路系统、铁路系统、民航系统构成一张庞大的交通网，汇成一条奔涌的交通流，人类生存的空间开始流动起来，物理上的空间距离一下子缩短了。半个世纪前的中国，出行主要靠步行或马车，自行车是当时的稀罕物。20世纪80年代，乘坐绿皮火车从东北的一个县城到北京需20个小时。20世纪90年代，特快列车加速了铁路流动，北京到济南480公里，用7个小时。如今，北京每天有115趟高铁到达济南，最短的只需82分钟，发车间隔最短的只有5分钟。北京与济南城际流动空间通过高铁得以生成。城际空间的依赖程度随着交通流的增强而增强，交通流构建了"城市圈"。环北京"1小时生活圈""2小时经济圈""3小时休闲圈"日渐成型，改变和丰富着人们的生活方式。

改变世界的互联网技术，击穿空间的物理边界。借助数字技术，传播实现实时交互，世界变成"鸡犬之声相闻"的地球村，相隔万里的人们已不再"老死不相往来"。通过手机等智能终端，我们可以超越空间即时面谈。曾经，如果两个人的生命轨迹没有交集，可能一生都无缘相识。现在，打开微信便可以结识陌生人。只需一个虚拟的网络空间，构成一个"场"，过去和未来，此在和彼在，可以实现实时对话。国家电力投资集团有限公司① 每年举办"好故事"，层层选拔10个左右员工讲述自己奋斗创业的故事，最终以"好故事品读会"形式呈现。网络一端是讲述者和特

① 国家电力投资集团有限公司（本书以下简称：国家电投集团）是中央直接管理的特大型国有重要骨干企业，成立于2015年7月，由原中国电力投资集团公司与国家核电技术有限公司重组建立。国家电投集团产业覆盖风电、光伏、水电、火电、核电和生物质发电、储能、氢能等领域，是全球最大的光伏发电企业和清洁能源企业，2022年在世界500强企业中位列260位。

邀观众,另一端则是 13 万名员工,所有人同步观看,时时互动。这个"场",是身处大江南北的国家电投人共同拥有的空间,同时用回放技术突破时间界限,让故事在云端永存。

为生产力提供动能,是工业革命最直接最显著的特征。而转入后工业革命时代,即数字化时代或数字社会,一个最大的表征是,供需时序发生逆转:由"匮乏逻辑"转向"过剩逻辑",匮乏时代正转向过剩时代。20 世纪五六十年代,什么都匮乏,吃穿用度什么都需凭票。中国的"票证时代"长达 30 多年,成为几代人的记忆。今天,社会呈现供大于求的状态,产能过剩、营养过剩、信息过剩、压力过剩……人们身体享受着快节奏发展带来的极大便利,心理也在承受着同等程度的煎熬。在匮乏时代,人们专注于吸收和同化,尽量把自己打开;到了过剩时代,人们更专注如何排斥和拒绝,尽量把自己封闭。韩炳哲认为,"由过度生产、超负荷劳作和过量信息导致的肯定性暴力不再是'病毒性的'。由过量肯定性引发的排斥反应是一种消化神经上的功能异常和障碍"[1]。他指出，"无论是抑郁症、注意力缺陷多动症或疲劳综合征都指向一种过度的肯定性"[2]。过度的肯定性导致根本性的、个人性的倦怠，进而造成人与人之间彼此孤立和疏离。越来越多的当代人正在成为大数据、新媒体的"俘虏"，正在成为"肯定性"的"俘虏"。我们每天醒来第一件事是打开手机，睡前最后一个动作是放下手机，智能手机实现了"占有"，数字信息正在牢牢地统治着我们和我们的世界。

以全新的方式塑造着今人思想和生活方式的，还有图像。也就是说，读写方式也同步发生时序的改变。亚里士多德说，"在诸感觉中，尤重视觉"。数字技术使图像生产成本迅速降低，轻而易举无限复制扩散，图像生产由"王谢堂前"飞入"寻常百姓家"，视觉文化席卷全球。从睁眼开始，人们主动或被动地进入图像时间，观看、查询、上传、分享，在五彩斑斓的图像海洋里社交冲浪。每天仅发布在社交网络上的图片就超30亿张，美图公司每月全站处理的图片超过60

[1] 韩炳哲.倦怠社会[M].北京: 中信出版集团，2019: 9.

[2] 韩炳哲.倦怠社会[M].北京: 中信出版集团，2019: 13.

亿张。历史上从未像今天这样，出现这么纷繁多变的影像，这么密集暴力的视觉信息。影像已不再是单一反映世界的媒介，而是表现出比以往任何一个时代都更为强烈的"巫术力量"，藏族少年丁真因一张微笑照片火遍全网直接封神。人们的生活、实践、思考，乃至经济活动都架构于图像之上，最直观的是网络摄影美学发生翻天覆地的变革。自人类造字之后，人类的思想成果大部分以文字形式保存下来。断文识字，具备文字阅读能力，才能拥有前人的成果。千百年来，文字的品质始终稳定。文字阅读是一个线性过程，需要一个字一个字地连续读，需要运用大脑的抽象思维能力去理解文字所表达的涵义。对于文字，需要思考，需要回味，需要时间。图像与文字截然不同，往往是即时的、流动的、一次性的，也往往是包含着无数信息，一口气全部投递给人的感官，形成剧烈的视觉和知觉冲击，轻而易举击败费脑、费时间的文字。"图像和文字当然很不一样，我们想知道林黛玉长什么样子，写上好几页也写不清楚，拿张照片来一看就知道了，但照片无法取代'一双似泣非泣含露目'这样的文字意象"①。

持久的观察，沉静的思考，遮蔽的美，这

一切都慢慢消失在图像宇宙之中。人类进

入读图时代。

> ① 陈嘉映.走出唯一真理观[M].北京：上海文艺出版社，2020.329.

　　在学习的时序里，传统的代际关系发生了颠覆。

在农业社会，后辈要向前辈学习农耕经验；在工业社会，

徒弟要向师傅学习技能；在信息社会，世界被拉平了，

父子之间、师徒之间开始平起平坐；而到了数字社会，

年长者普遍沦为"弱势群体"，60后、70后要向80

后学习，80后要向90后、00后学习。这种由年轻一

代将知识、文化及其意义传递给年长一代的新的传承

方式，即"文化反哺"，是中国社会剧烈社会变迁的时

代产物。丹尼尔·贝尔教授在《后工业时代社会的来临》

中说，"任何一个孩子再也不可能生活在与其父辈和祖

辈同样的生活的世界"。改革开放四十年来，中国社会

的人口、经济和知识变化规模空前，数字技术加速了

变革的广度和深度，两代人生活在天壤之别的社会土

壤。年轻一代使用计算机的水平、接受新技术的能力

高于年长一代，加上精力充沛、视野广泛，基本上囊括了对互联网及其信息的"话语权力"。互联网公司已很少能看到 35 岁以上的员工，"35 岁生态"正在成为当前互联网行业的普遍状况。这种信息获取上的代际鸿沟，对两代人的人生观、价值观、表达意愿、参与能力甚至生存机会产生直接而巨大的影响。更为深刻的是，数字社会的经济基础变了，"社会分工、生产关系、管理模式、劳资关系、生产空间和劳动工具，皆不同以往"①，甚至可以说发生了结构性裂变。

在农业社会、工业社会，"实物"代表着财富，处于经济链条的顶端。父辈们用时

① 王炎.网络共享还是知识产权[J].读书，2020: 7.

间实现经验的积累、技能的提升，通过重复性实物劳作实现财富积累。今天，知识、技术、信息等"非实物"逐步成为财富的源动力，脑力劳动和知识劳动创造的价值超过体力劳动，成为今天数字社会的决定性变量。天生拥有"互联网 +"思维的新一代，运用前沿的知识、技术，创造出新产品，获取爆炸性的利润，实现财富快速积累，从而加剧了当今劳动构成、社会关系与生

命形式的变革。

数字社会呈现出新型社会关系形态和内容产生形态，"去中心化"是最显著的特征，改变选择时序。信息不再由专业机构或特定人群所产生，而是全体网民共同参与、共同创造的结果。任何人都可以在网络上表达自己的观点或原创内容，共同生产信息、传播信息。在一个有众多参与点分布的体系中，每个点都具有高度的平等和自由。点与点之间彼此可以自由链接，形成新的单元。互联网引发的"去中心化"，由线上共鸣到线下，每个人的小宇宙开始燃烧，自我意识开始觉醒。任何一个点都可能成为某一个领域或某一个阶段的中心。这种开放式、扁平化、平等性的结构，使得每个人的宫廷拔地而起，海德格尔对现代性"无神或失神"的基本判断在数字社会更加释放出真理的味道。个人意志的表达与实现，个人价值的追求与实现，成为行为背后的根本逻辑。个人意志与社会意志开始平起平坐，有时甚至优于社会意志。规训社会的权力制约日益式微，选择权越来越掌握在个人手里。中国离婚率已经连续 15 年上升，2019 年为 3.36‰，全国登记结婚 927.33 万对，离婚 455.94 万对。在企业组织里，员工的主体地位陡然增强，培训、薪酬、表彰等传统激励方式受到严重冲击，年轻员工一言不合就可能拂袖而去，只要他感觉不舒服。这一切的一切，最终改变了人们的选择时序，甚至动摇了我们对这个世界的看法。

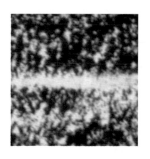

《"一分为三"之一（Ⅰ）》局部

在数字社会里

文化即生活

进入思想治理时代

基岩

企业家的时代方位

活的价值观

第二原点

总是去抚慰

重构故事

娱乐主义

世界的工具箱

把自己作为方法

第二次生产

"一分为三"之一（Ⅱ）

文化即生活
——思想治理(中)

　　数字技术主导社会变革，由此改变企业组织、企业行为。企业的边界形态、生产方式、营销模式、盈利模式等将重新定义，企业家与员工及二者的关系将重新定义，企业将重新定义，企业文化也将重新定义。

　　随着生产要素由实物为主向实物与非实物为主转变，企业规模大小已不再起决定性作用。拥有新技术或新理念，任何企业甚至个人都可以与大公司、老企业一样地向全球市场提供软件、信息、设计等非物质产品，大公司与小企业之间既需要竞争，更可以合作。优秀企业注重保持对市场变化的高度敏感性和研发设计能力，而不会将资源耗费在低价值产出和常规工业生产中，后者完全可以通过全球产业链分工组装的方式来完成。耐克公司不断地制造新概念，通过销售概念来获得市场。实物产品受限于时间和空间，消费人群、消费次数有限，产品使用价值越用越低廉。与此相反，非实物产品或以数字形式呈现，或具备数字化的条件，任何人都可时时使用，表现为使用的人越多，点击率越多、影响力越大，产品价值就越高。协作共享成为企业新型生产方式的重要特征。

企业生产方式改变，带动企业内部和外部的界限快速打开，企业管理边界逐渐淡化，甚至消失，与社会之间的联动日益强烈，企业生产上下游产业、科研与生产等界限逐渐模糊。企业战略不局限于内部，进化为"朋友圈"，产业价值链从原有的上下游端到端的串行关系，衍变成网状协作关系。企业价值的创造和获取方式发生质的变化，跨界连接、融合连接成为一种重组社会与经济、产业、组织结构的不可忽视的力量。企业和企业之间的大链接、大协同构建了一种新的社会发展机制、新的生存形态或生态。正如 5G 技术让万物互联成为可能，以更小的颗粒度重塑现实世界。在 5G 和 AI 双核驱动下，产业互联网发展进入快车道，互联网产业与实体产业融合，虚拟空间与现实世界相互构造，产业生态、企业帝国等新的企业组织范式诞生。2021 年 10 月 28 日，脸书公司的创始人马克·扎克伯格将 Facebook 正式更名为 Meta，理由就是"我相信，元宇宙[①] 将是互联网的下一个重要篇章"。掌控着海量数据的科技公司一定意义上已经成为一种新类型的"国家"：它们占据着网络空间，并且这个空间基本上是跨国的，甚至超过任何单一国家的领土范围；它们拥有庞大的用户群体，一些公司的用户数量甚至超过中国和印度人口的总和，并且还在继续增长；它们富可敌国，苹果公司年收入在世界国家中排名第二十五位；它们可以制定自己的规则，以此控制着平台上所有人的言行，控制着全球的信息传播和言论自由，最终以自己的意识形态塑造着用户的意识形态。推特创始人杰克·多西承认，推特"开创了一个很危险的先例，个人或企业所拥有的权力已凌驾于一部分全球公共对话之上"。马克·扎克伯格说，在很

[①] 元宇宙(Metaverse)，普遍认为是互联网的下一个阶段，意指利用科技手段进行链接与创造的，与现实世界映射与交互的虚拟世界，与现实世界平行的人造空间。

多方面，脸书更像一个政府而非公司，因为脸书可以制定政策。而微软的前总裁史密斯则说，这些科技巨头更应该被视为"数字瑞士"——一个主权独立的国家。当然不是传统意义上的国家，而是一种新形态的国家[①]。

企业和客户之间将越来越实现无边界融合。普拉哈拉德曾经指出，企业竞争能力的来源在 2000 年之后会发生变化。

① 翟志勇.数据主权时代的治理新秩序[J].读书, 2021. 6: 99-100.

过去竞争能力来源于企业内部资源，未来的竞争力由客户决定。客户将深度融入企业价值链创造过程的每一个环节，从创意产生、产品设计、产品制造、渠道选择、产品交付到服务实现，都将与客户紧密联系在一起。微软、IBM、苹果、奔驰、格力、小米等，都是将自己的品牌深深融入人们的生活。无论我们在世界的什么地方，无论我们使用哪一种语言，无论生活方式或文化习惯如何，使用这些品牌都不会有任何障碍，企业将和客户融为一体。

在剧烈变迁的时代里，员工的价值观念和价值取向也随之变得多元多样且多变。员工的自我意识开始觉醒，越来越成为独立的、自觉的、有价值判断的个体，他们的价值追求从终身就业转向终身拥有就业能力，从物质需求占主导转向精神物质同等重要甚至精神优于物质。随着知识、信息等成为生产要素，人人都有可能成为创新者、领跑者，员工个人的价值创造能力凸显。罗振宇说，"这是一个大者越大、强者恒强的时代，但是机会还很多，属于传统行业和普通人的机会也很多"。在开放链接的生态环境下，每一位员工都是有能量的，每一位员工都是有生命的，每一位员工都可以成为英雄。有时候，一个天才的创新可能会点燃整个组织。每个人都了不起，都值得被尊重。组织要从统一、整齐转型到差异化、多样性，包容缺点、包容个性，鼓励创新，鼓励奇思异想，将员工作为合作伙伴而不再是传统的雇佣关系，呵护员工去创造价值而不是榨干价值。激励从单一走向多元，从工作与生活矛盾割裂走向和谐统一。过去，企业靠工资、靠奖金激励，工作就是工作，生活就是生活。而现在，员工在自我加压、自我价值实现的同时，让工作和生活渐渐融为一体，工作就是生活，生活就是工作。在与社会、与员工的新型关系里，企业管理迅速呈现出新的样貌。成立于 2012 年的字节跳动，能在巨头环伺、存量市场相对固化的竞争环境下杀出重围，发布"今日头条""抖音"等爆款 APP，被评为 2019 年全球最有价值的独角兽企业，除了对产品和用户的精准把握之外，一个很重要的原因就是他们从 2015 年启动了以管理模式变革为主导的数字化管理适应性变革。创始人张一鸣发现，传统基于科层制的 KPI（Key Performance Indicator，关键绩效指标）绩效管理体系难以解决创新型企业员工绩效管理的难题，适应不了互联网环境下市场和用户快速变化的发展需求，与自己主张的"Context，not control"管理理念也格格不入，于是引入 OKR（Objectives and Key Results，目标与关键成果法）管理模式，推行"透明、对齐和协作"。通过构建与其相匹配的字节范文化、自驱型组织和飞书协作平台，字节跳动有效调动了员工工作的积极性和创造性，塑造了平等、创新的氛围，极大释放了生产力。

企业价值观更趋近人类共同价值观。随着科学技术以井喷式速度或几何级数跃进发展，人类获取自然资源的能力变得前所未有的强大，人们的物质需求得到极大满足。人与物的矛盾渐渐退居其次，人与自然的矛盾上升为主要矛盾，成为矛盾的主要方面。当代人更加关注自己的生存环境和未来的命运，尊重自然、科技向善、和而不同、共享福祉成为共同价值观。企业核心价值观与社会共同价值观匹配度越高，企业产品、行为与市场的关联度就越高，企业被消费者的认可度就越高。近年来，腾讯、京东等企业纷纷升级企业文化，腾讯将使命愿景和价值观升级为 3.0 版本，"用户为本、科技向善"成为新的使命愿景，"正直、进取、协作、创造"成为新的价值观，表达了在数字社会构建生态价值理念、承担广泛社会责任的一种态度。

企业家成为社会价值创造的主角。历史创造了新的企业，同时也创造了新一代企业家，并且数字化时代的企业家作用更重要、更突出。"第四次工业革命＋企业＋企业家"共同构成这个时代的一道亮丽风景。

当今社会大多改进、合作，都离不开企业家参与，企业家的影响力，越来越比肩政治家和科学家。更为关键的是，企业家的作用或者人们对企业家的期待发生了根本变化。除传统意义上的制定战略、管理员工、寻找市场等价值定位之外，企业家更重要的是担当起观念更新引领者、商业模式创新者和大众生活品质启蒙者的角色，不仅要让员工看到企业的方向，还要让更多的消费大众看到社会的方向，甚至人类的方向。这就是乔布斯、任正非、均隆·马斯克等企业家能够成为"意见领袖"的原因所在。企业家站到精神的制高点上，才算是真正一流的企业家。

生产范式的变化重新定义企业和企业家。与以往不同，未来生产方式变化的趋势可以用一个公式来表述，就是"企业家＋创新团队＋员工＋消费者＋互联网平台＋算法＝产品"，这个产品包括物质功能和精神功能。生产方式的这种变化趋势，将促使企业家的概念和内涵发生质的变化。企业家越来越不像一个个体，而是以集体的面貌和内涵出现。这个集体当然具有核心，但这个核心更是一个团队，而且边界越来越不清晰。从管理层到创新团队、到员工、再到消费者，都有可能成为"企业家"团队的成员，其核心则是某种算法导致的大概率事件。"企业家"不再是某一个个体，成为一个没有边界团队的代名词。每一位团队成员都是文化的共同参与者和缔造者，而不变的是，企业家仍然是企业的精神领袖，企业家精神仍然是企业文化的精神内核，企业家的境界修为仍然是企业的天花板。

企业产品的精神价值将超越物质价值。企业产品是一个时代文明的标识物。之所以成为标识物，是因为产品本身携带了更为凸显的精神成分和文化要素。这就是为什么苹果产品一直是时髦的象征，而华为手机则成为一种自豪和诚信的别名。在这个新时代，物质产品更像文化产品，寄托着人们的情感追求、价值追求和审美追求，真正的产品功能已然退居其次。企业既是产品的生产者，也是文化的生产者。在智能和大数据时代，人们对物质文化生活提出了新需求，在民主、法治、公平、正义、安全、环境等方面的需求日益增长，这不可避免会投射到人们的心理层面。人与人的心理距离以技术进步同样的速度在加大，人们的情感、精神、文化等层面的需求也以同等速度加大，人们对精神和文化的需求不是少了而是更多了。在这种情况下，谁能在产品中赋予更多的情感内涵、人文元素、精神气质和时代气息，谁就会更胜一筹。企业最根本的优势是回归人性最基本的情感世界、心理需求和人文关怀。产品的精神功能、文化功能和情感功能在这个新时代将超越产品的物质功能。

企业文化的内涵与企业生产生活将合而为一。企业家精神、治企理念与企业战略、发展规划、管理实践和企业行为越来越合而为一，越来越变为一种企业的存在形式。企业家精神和他的经营哲学越来越变为一种现实存在和现实生活。

今天，走进一家企业，企业文化变得越来越具体清晰。企业的一言一行，企业的色彩、样貌、生产形态，企业的战略、规划、制度、流程等等，一切生活已然构成了企业文化。也就是说，随着第四次工业革命的到来，企业文化的内涵与企业生活的实际将合而为一，企业文化就是企业生活，文化即战略，文化即管理，文化即行为。2018年以来，国家电投集团将"如何建设国家电投，建设一个什么样的国家电投"这一命题，具象为"建设世界一流清洁能源企业"和"建设中国特色现代国有企业制度"两个战略课题，据此确立了"2035一流战略"，专注于绿色、创新、融合。这是国家电投集团最基本的逻辑，最核心的价值观。战略为企业塑"形"之后，就是创新理念方法，为企业赋"神"。按逻辑将战略目标纳入"十三五"和"十四五"规划，然后将五年规划细分，纳入年度任务计划。最终通过"SPI"和"JYKJ"①两大体系，形成"战略—规划—计划—预算—考核—激励"的完整逻辑链条，构建起现代企业管理纵向贯通的清晰路径。由此，国家电投集团实现了由内到外的再造和重塑，看似没有谈论、研究文化，但实质从战略、规划到年

① "SPI"，是指战略—规划—计划体系，即将战略落到中长期规划之中，将中长期规划再落到年度计划之中，实现战略落地；"JYKJ"，是指计划—预算—考核—激励体系，即重视计划，实行全面预算、差异化考核和充分合理激励。

度计划，从管理理念到 DOAM、TOP10、SDSJ① 等管理工具，从制度流程到员工个人和企业行为，每一天每一刻每一个具体举措，都是实实在在地在文化上下功夫。这里一个最大变化就是观念，即文化就是生活这一内涵的根本变化。换一句话说，企业文化是一个活着的生命体。

作为现代性的一个重要现象，文化一直被崇高化和神圣化。很多人到一个城市去，一定要去书店、美术馆、博物馆打卡，认为那是"有文化"。表面上被崇高化，实际是被狭隘化。往往这就是文化与政治、经济等范畴割裂开来，撕扯和纠结的原因所在。大逻辑上，文化和生活是一体的，文化是人类在改造自然的实践中产生的。企业员工用双手创造了冒着蒸腾气息的生产生活，也就孕育滋养了"活的文化"。

① DOAM，逐级承接分解法，将工作目标分解为行动方向（D）、目标（O）、行动计划（A）和衡量标准（M），是彼得·德鲁克目标管理理论中的重要模型；TOP10，工程项目风险管理中的一种重要方法，主要用于风险种类繁多，风险源复杂，风险控制难度大的建设工程项目，国家电投集团将其作为一个时期遴选最主要工作项目的工具；SDSJ，双对标双激励的缩写，是国家电投集团应对新冠疫情"反脆弱"的管理举措。双对标，是和自己对标、和同行对标；双激励，是在"JYKJ"激励的基础上，根据对标结果给予的额外激励。

《"一分为三"之一（Ⅱ）》局部

在数字社会里

文化即生活

进入数字伦理重构时代

基岩

企业家的时代方位

活的价值观

第二原点

总是去抚慰

重构故事

娱乐主义

世界的工具箱

把自己作为方法

第二次生产

"一分为三"之一（Ⅲ）

进入思想治理时代
——思想治理(下)

　　秩序是人类社会始终如一的需求。人作为独立的个体，有着自身的思想认识和价值追求，自发建立起各不相同的个体秩序，即我们常说的"自由"。自由秩序的延展性和可能性无穷无尽，方向的分散势必导致力量的分散，这与人类社会的脚步并不完全一致。建构秩序体系是任何一个组织的梦想和追求，上至一个国家，下至一个家庭，都需要建构一个稳定的、有效的秩序体系，来维护和保持组织的生命力。文化最大的特点，就是赋予每个社会成员以一种"身份认同感和归属感"，以某种符号规定自身属性或者自我认同，这是秩序结构的源头。

　　农业社会，土地是基本生产要素，君主作为拥有天下土地的绝对统治者，拥有绝对的经济权力和绝对的挥剑权力。对所管理的臣民，受命于天的君主执掌他们的生死。君权之下的社会治理，核心是对生命的处置和管理。进入工业社会，资本与机器成为最重要的生产资料。

在资本增值的动力引擎下，机器大生产对劳动力有着高强度的现实需要，人的身体束缚在机器生产固定环境和流水线上，最大限度地创造价值，社会治理的对象由人的生命演进为人的身体。"规训权力"① 的强大力量使处决权力让步于对人的身体认真管理和对生命的精打细算，劳动者被支配到机器旁有计划地劳动，直到成为一种习惯。在"肉体规训"的体系里，从事生产劳动的个体服从于标准、要求和规则，消除了分歧、背离和不合规矩。规训范式的本质就是具有消除、矫正性质的否定。它的规训主体依然是人的肉体，属于人口统计学的范畴，无法进入精神层面。即便是边沁提出的"圆形监狱"② 模式，也只能从外观上监测到管制于其间的每一个人，并不能读取他们内心的思想和需求。

① 法国哲学家、社会思想家米歇尔·福柯（Michel Foucault）运用权力谱系学的方法分析现代社会新型权力机制，提出"规训权力"的概念。福柯认为，在现代社会中，人的身体或肉体通过监视、纪律、训练、治理和操控等手段，成为被驯服的、被驯良的对象。

② 英国法理学家、哲学家杰里米·边沁（Jeremy Bentham）提出了"圆形监狱"的设计：圆形监狱由一个中央塔楼和四周环形的囚室组成，中央塔楼是一座瞭望塔，所有囚室对着中央塔楼，每一个囚室有一前一后两扇窗户，一扇朝着中央塔楼，一扇背对着中央塔楼，作为通光之用。这样的设计使得处在中央塔楼的监视者可以便利地观察到囚犯的一举一动。同时瞭望塔设有百叶窗，囚犯不知是否被监视以及何时被监视，因此从心理上感觉到自己始终处在被监视的状态，时时刻刻迫使自己循规蹈矩。在这样结构的监狱中，即便狱卒不在，由于始终感觉有一双监视的眼睛，囚犯也不会任意胡闹，他们会变得相当地守纪律，相当地自觉。福柯认为，"圆形监狱"的基本原则是全景敞视，是规训权力的典型案例。

数字技术为生产力带来革命性变革，人们离开了土地和机器，离开了土地和机器所构建的秩序。网络空间如同大地、海洋、太空一样，逐步成为现实空间中新的"领土"。新的主权者同步诞生。与此同时，社会生产从物质转向物质与非物质并存，非物质生产日益占据价值链上游。与之呼应，负责非物质生产的大脑，成为更高级的生产力。为了提高生产，"所要克服的不再是来自肉体的反抗，而是要去优化精神和脑力的运转程序。优化思想逐渐取代了规训肉体"[1]。在个体意识觉醒的时代，每个人都想发声、乐于表达，勇于追寻生命本身的意义和价值，不愿意再接受身体上的束缚与桎梏。传统的考勤打卡等制度越来越失去了土壤。互联网与大数据双剑合璧，社会呈现出一个数字化全景透明的新空间。与规训社会不同，这个数字空间不但允许个体之间互动交流，还鼓励人们主动曝光自己的思想和精神活动。巨量数据是我们主动递交的，每一次点赞，每一次思考后做出的决定，我们都自愿地将自己交付给全景注

[1] 韩炳哲.精神政治学[M].北京:中信出版集团, 2019: 34.

视，主动为大数据添砖加瓦。大数据全面采集个体的所有信息，拼图人的相貌、体态、性格、爱好，不仅能刻画出个人的，也能刻画出群体的。进而也就能预测人的行为，对人的精神意识产生影响和作用。在"算法"的推力下，数字技术正从单纯的采集、监控向主动的推送、操控过渡。坐拥大数据的科技公司，有自己的用户、财富、玩法、意识形态以及组织体系，在自己的游戏规则里实行运转。某种意义上，他们已经是名副其实的"帝国"，"是一种新形态的国家"，"是超国家的国家"[①]。随着虚拟空间对现实社会的影响和进入，现实生活中，人们的偏好、意识和选择，很可能是数据操控的结果，规训权力内化为个体的心理结构。这种操控不是简单粗暴地说是或者不，而是以更加隐形、更加平静、更加积极的形式出现，呈现出一种自由的姿态。"精明且友好的权力不会正面反对屈从性主体的意志，而是打着为他们好的旗号控制他们的意志。它的同意多于拒绝，诱惑多于压制。它努力制造积极情感并对其加以利用；

① 翟志勇.数据主权时代的治理新体系[J].读书.2021: 6.

它循循善诱而不是处处禁止；它不与主体对立，而是去迎合对方"[1]。管控一旦从身体进入到精神领域，个体无论身在何处都将更容易被赋予充分的"肯定性"，以积极的姿态出发，自发自愿地去影响自己，提升自己。这一变化最直接的影响就是，单一向度的管理关系转型为多元主体共同治理。

大变革的时代，呈现复杂的"乌卡"特征[2]，生存环境混沌、冲突、危机、脆弱，将重构企业生态范式，市场商机无处不在却又稍纵即逝，此时"只能用规则的确定来对付结果的不确定。只有这样我们才能随心所欲，不逾矩。才能在发展中获得自由"[3]。这个规则的确定，表现为企业价值观的确定，意识形态的确定，文化的确定。

华为成为中国企业界的典范，文化发挥着无可替代的作用，为其成长构建强大的内部秩序，使华为成功走过 30 多年的艰苦奋斗之路，走到世界中央。任正非

① 韩炳哲.精神政治学[M].北京：中信出版集团，2019：21.

② 乌卡为VUCA音译，是Volatility(易变性)，Uncertainty(不确定性)，Complexity(复杂性)，Ambiguity(模糊性)的缩写。"乌卡时代"是一个概念词汇，是指人类目前正处于一个易变性、不确定性、复杂性、模糊性的世界里。

③ 任正非，《深淘滩，低作堰》，2009年在华为运作与交付体系表彰大会上的讲话。

在《一江春水向东流》中提出，价值观的力量是公司成长的第一力量。《华为基本法》第一章就是"核心价值观"，开宗明义华为的追求，将其作为处理客户、员工、合作者与周边关系的根本原则。任正非每隔一段时间就会给全体员工写信，在内部刊物上发表文章，如脍炙人口的《华为的冬天》《我的父亲母亲》《天道酬勤》等，总体是说华为发展的方向；对形势的总体判断；态度和价值观。在企业日复一日的经营管理活动中，任正非通过一封封信，一篇篇文章，对华为的核心价值观和自己的世界观、人生观、价值观，进行日常诠释和宣讲，核心价值观渐入人心，并通过制度、流程和行为规范，转化为员工个体的行为，结果是所有人都成为华为价值观的参与者和缔造者。

1997 年《华为基本法》提出，华为要做"世界级企业"，这是华为的梦想追求。30 多年来，华为始终专注地走在"成为世界一流的设备供应商"道路上。华为只有几百人时，对准这个方向奔跑，发展到几千人、几万人、十几万人时，还是对着这个方向奔跑。在深圳房地产发展讯猛的几年里，很多高管建议华为进入房地产领域，任正非坚决不做，"挣完了大钱，就不愿意再回来挣小钱了""华为不做房地产这个事，早有定论，谁再提，谁下岗"。华为最终在战略上胜利，站在世界 5G 的最前沿。2020 年 7 月，任正非带队接连走访上海交通大学等四所高校，表达出合力为国家关键领域、世界技术领域关键问题的突破做贡献的意愿，表示"我们仍然要坚持自强、开放的道路不变。你要真正强大起来，就要向一切人学习，包括自己的敌人。"梦想牵引和价值最大公约，让一个任正非变成二十万个任正非，即使被美国封锁打压，依然表现出强大的不可撼动的集体生命力。"枝乱我不乱，从容看万条"。

"对价值和秩序有所坚持，对破坏这种价值和秩序有所抵抗，就是文化"[①]。数字社会作为一种新的社会形态，传统制度与数字化之间正爆发一场空前剧烈的冲突，互联网、大数据由工具层面、实践层面抵达社会安排或曰制度形式的层面，行业和企业生态、边界、组织架构和治理理念等都发

① 龙应台，《文化是什么》，本段文字引自中青在线。

生革命性变革，越来越多的跨国企业尤其是数字科技企业，有如一个"企业帝国"，仿佛一个传统意义上的"国家"。由此，企业文化就上升为这个"企业帝国"的意识形态。这个数字社会下的企业文化形态，我们称之为思想治理时代。由此，企业文化从经验管理、科学管理、人本管理、文化管理进入到一个新的时代，即思想治理时代。

随着自然科学领域中每一个划时代的发现，唯物主义也必然要改变自己的形式[①]。进入思想治理时代，埃德加·沙因（Edgar H.Schein）[②] 等人于 20 世纪 80 年代基于日本企业管理研究所提出的企业文化与组织文化理论，已无法覆盖当今企业文化的形态样貌，用企业文化"四大件"，也就是理念识别系统（MI）、视觉识别系统（VI）、听觉识别系统（AI）、行为识别系统（BI）等，来描述今天企业文化形态显然已力不从心。当企业生产生活实践呈现出基于开放、协作、生态的新秩序，

① 恩格斯.路德维希·费尔巴哈和德国古典哲学的终结.

② 埃德加·沙因（Edgar H.Schein，1928—），美国麻省理工学院斯隆商学院教授，是企业文化与组织心理学领域的开创者和奠基人，"企业文化"一词被业界公认是由他"发明"的，被誉为"企业文化理论之父"。

企业文化的边界也被打开，时代赋予其新内涵。从企业文化"四大件"的传统中出走，数字社会的企业文化越来越展现为一个共治共建共享的生态系统，外延拓展至企业战略、管理理念、组织政策、人才策略、制度流程等企业生活的方方面面。

新的企业文化大厦，有着新的基因、观念、结构和工具方法。时代注入数字化基因，面向不确定性的企业秩序体系夯实地基垒土，基于价值追求的文化传播观念和基于审美驱动的落地工具共同构筑起数字社会企业文化新体系，即企业思想治理体系。

在企业秩序体系里，核心价值观是原点，使命、愿景、战略是核心，管理理念、组织政策、人才策略、制度流程、方法工具等若干模块是载体，逐级承接、具象、分解，将价值观念落实到具体行动，形成知行合一的企业行为规范。核心价值观承载企业的基因，体现企业的个性。面对数字革命，企业唯有深度与大市场、大协作、大链接、大数据、大治理、大生态对接，主动迭代基因，才能走得稳、走得远。钱智民说，"如果没有市场化的基因，恐怕'2035一流战略'是实现不了的"，"基因不做市场化的改变，如果还是沿用原来的做法，就达不到我们的目标"①。当企业生态从"一枝独秀"发展到"一片森林"，企业使命、愿景、战略应充分顺应时势，不断生长。大树型企业致力于打造生态，成为价值中心；小草型企业努力融入生态，成为有机组成。华为在2018年确立新的使命："把数字世界带入每个人、每个家庭、每个组织，构建万物互联的智能世界。"国家电投集团瞄准"中国3060"目标，把"建设具有全球竞争力的世界一流清洁能源企业"作为愿景。到2021年末，清洁能源装机占比超过60%，新能源装机规模世界第一，以鲜明的绿色发展路线，融入新一轮能源产业革命。组织、人才、管理、制度、流程、工具等模块作为战略的实践载体和落地支撑，应同步进行变革升级。采用"先开枪、后瞄准"的制导模式，先改先变，实践中优化，优化中调整。

① 钱智民，男，江苏宜兴人，研究员级高级工程师。曾任中国广东核电集团有限公司党组书记、董事长，国家能源局副局长、党组成员，中国核工业集团公司总经理、党组副书记，现任国家电投集团党组书记、董事长，中国共产党第十八届、十九届中央委员会候补委员。这是钱智民2020年9月21日在国家电投集团对标世界一流管理提升行动启动会议上的讲话。

在组织形态上，打破传统科层制组织架构，打造以市场客户为中心的平台化、项目化、矩阵式组织结构，持续构建学习型、研究型、创新型、落实型组织，提高组织的"反脆弱"能力。在人才策略上，从组织驱动转向自我驱动，实现员工从"要我干"到"我要干""我们一起干"，核心是尊重每个个体的力量，从关注少数人到关注每一个人，激活每一名员工的潜在能量。在管理上，注重为员工赋能，为组织赋能，个体与组织间实现高效的能量交互。拿出一套完备的管控体系、制度流程和方法工具，并将这些体系、制度、流程、方法和工具固化下去，落实下去，让全体员工思想一致、行动一致、结果一致。"真正的文化是把要做的事情转化成行动，落实到行动的要求和导向，落实到制度当中，大家按照制度来做，养成习惯以后，这才叫文化"[①]。制度流程是价值观、使命愿景、战略落地的重要保障，是企业文化的制度形式。构建具有企业特色的制度流程文化，是任何一个组织都需要高度重视的重大任务。

① 钱智民2020年7月20日在国家电投集团党组理论学习中心组(扩大)学习会上的讲话。

奥地利思想家路德维希·米塞斯讲，"发生在现代社会的一切事情都是观念的结果。"企业文化的内涵和外延变了，企业文化工作者的观念须随之改变。核心在于充分认识到思想治理不是一次性的，要通过循环往复、周而复始传承和延续，才能将企业文化从建设到落地的"任督二脉"彻底打通。企业思想治理体系赋予企业秩序感，赋予企业员工身份认同感和归属感，完成了数字社会企业文化的第一次生产，即新的文化形态的生产。要想让文化流动起来，成为有生命力的活的文化，需要创作审美意识形态的各种艺术作品和企业美学生态，需要有效的文化传播，完成企业文化的第二次生产，即新的文化内容的生产。价值传播观念体系和文化落地工具体系，从本质上，就是企业文化的再生产。

企业文化的传播，大前提是体现价值传播的价值。真诚、常识、平视、倾听、图像、声音、流量、模块化、企业媒体、品牌、全员载体等这些企业价值传播的元素，往昔就如同空气、阳光和水一样普通，朴素的常识概念、工具方法，今天进入数字社会，它们一跃变得如空气、阳光和水一样珍贵，成为价值传播须臾不可或缺的规则、理念甚至是价值。他们一同构建基于价值传播的方法体系和方法论，学会与这个飞速变化的时代说话，学会与传播对象、文化主体、企业员工沟通和交流。比如，"平视"回应传播视角问题。过去开展价值传播、与员工沟通交流，视角自觉不自觉表现为"自我中心主义"，往往是"高高在上"，今天随着大众主体意识的觉醒，个人宫廷拔地而起，世界变成平的，视角也就转为"平起平坐"了。比如，"图像"面向泛图像化时代，在"事实"与"平滑"之间，在传统与现代交替中，提出肯定性与否定性 ① 平衡的观点和方法。在数字社会，用好职能职责赋予的权力，用好渠道和载体，非常重要。但更为重要的是用好价值传播的价值，以春风化雨、润物无声、平等平视的理念方法，将思想、观念、

① 肯定性与否定性，是辩证法中的一组范畴，否定性是矛盾里的重要性质。古希腊的芝诺最早揭示出万物都有两个相互对立的方面——肯定与否定。近代哲学中，黑格尔深入研究了肯定性与否定性这对范畴，阐述了其辩证关系，认为只有通过否定之否定，才能确立形而上学意义上的真理。马克思主义哲学吸取了黑格尔的哲学观点，在唯物主义的基础上，揭示了客观事物中肯定和否定的辩证法。本书中，肯定性意为事物、现象等客观存在的绝对性、确定性、单向性特征，否定性意为对客观存在的思辨和批判。

思维方式和价值取向传递给员工，逐步变成他们自己的认知，让话语产生力量，这是价值传播的基点和原点。其中一个基本立场，是企业文化传播本质上是价值、理念的传播。不论形式如何创新，方法工具如何迭代，价值输出这个灵魂不能丢。企业所有的价值传播，自始至终都是价值观的注入，成效凸显的是价值传播的价值。

企业文化落地工具体系即企业美学落地体系，大前提是大众审美的觉醒和审美的艺术化。美，是人类天性固有的精神依归，是价值观的最高形式。美与经济社会发展相适应，物质丰沛后审美便进入生活轨道。在企业新的组织管理和生产方式中，企业美学之于企业文化传播落地的巨大能量开始涌动，独特价值开始显现，企业美学成为企业文化塑造、传播直至落地全过程中最重要的系统体系和一极新锐。个体生活中我们认识到了，但在企业生活中尚未被彻底发现。随着生产力的高速发展，人与人心理距离的加大与数字技术的增速成正比，人们的情感、精神、文化等层面的需求也以同等速度和倍数加大。越是在物质过剩、信息过剩的时代，人们对精神的需求不是越来越少，反而更多、更深刻、更强烈。顾客追求的已不是产品本身，而是产品携带的情感因素、文化内涵和审美信息及时尚潮流。关注人的精神与情感需求，精心设计款式，不断优化功能，为物质产品注入文化的表达，在消费中引领社会风尚，传播企业的经营哲学和价值追求，也就成为企业生产的必然之路。换句话说，除了营造美的环境、美的产品和美的体验之外，在生产由实物向非实物转变的过程中，企业需要将审美的观念、审美的价值渗透到企业产品的生产过程中，将美的元素直接融入企业产品，直接参与到产品的生产，甚至直接进入资本。企业美学孕育过程中，着眼审美意识觉醒这一时代变量，秉持移植、嫁接与拿来主义的态度创新工具；在打磨中实现平滑，让员工看了舒服、乐于接受，又能保住审美的粗粝感、颗粒度，留住美的本真；发挥色彩的"暴力"作用，赋予企业鲜明的性格色彩；坚持美是设计，发现设计之美；尊重美的多元，欣赏多元之美，吸纳社会美学元素和艺术方法为企业所用，让企业的艺术产品、文化活动、传播媒体多元开放。企业美学，包括价值美学、模块美学、平滑美学、场域美学、符号美学、LOGO 美学、色彩美学、设计美学、记忆美学、环境美学等，作为一个体系登堂入室，走上了思想治理的历史舞台。最终，将一切美通过美学目视化、工程化、数字化予以呈现，使美看得见、摸得着。

未来已来。一切实践传统都已经瓦解，或即将瓦解，唯有文化生生不息。将企业文化置于企业基本面、价值基本面、管理基本面、文化基本面，我们需要建构一套新的话语，一种新的范式，由此迈进一个新的时代，进入一种新的生命状态。在此中，文化才能获得应有的意义。

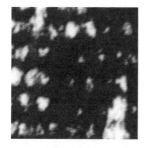

《"一分为三"之一（Ⅲ）》局部

在数字社会里

文化即生活

进入思想治理时代

基岩

企业家的时代方位

活的价值观

第二原点

总是去抚慰

重构故事

娱乐主义

世界的工具箱

把自己作为方法

第二次生产

"一分为三"之二（Ⅰ）

基　岩

文化是秩序的结构性基因和决定性力量。文化等同于秩序。有什么样的文化，就会形成什么样的秩序，中西方的社会秩序演进真切地指向了这一点。冯骥才认为，文化似乎不直接关系国计民生，但却直接关联民族的性格、精神、意识、思想、言语和气质，抽出文化这根神经，一个民族或将成为"植物人"。企业文化是企业的灵魂，是企业秩序的内在逻辑和深层次力量。优秀传统文化可视为企业文化的"体"，是企业文化在地性的重要源头，企业文化可视为传统文化的"用"，通过社会文化进入企业所在地所在国的民族文化，长在传统文化的基岩上。由此，企业文化入乡随俗、扎根乡野、营养丰富而枝繁叶茂、一派生机。

勒庞[①]指出，传统文化代表着过去的观念、

① 古斯塔夫·勒庞(Gustave Le Bon, 1841—1931)，法国社会心理学家、社会学家，群体心理学的创始人，有"群体社会的马基雅维里"之称，著有《乌合之众》《各民族进化的心理学规律》《社会主义心理学》《战争心理学》等。

欲望和感情，并对我们发挥着巨大影响。马克思把过去的意识传统比喻成纠缠着活人头脑的"梦魇"，认为新时代的思想、精神是在对过去传统的批判、继承和改造中发展的。根植于中华大地的优秀传统文化，是先人在生产实践中总结出来的文化精华，是民族的根和魂，是共同的思想价值基础，反映中国人的思维方式和道德观念，具有典型的中国精神、中国风度。在大变革的今天，诸如自强不息、厚德载物的民族精神，"修齐治平"的家国情怀，约定俗成的礼仪规矩等等，依然在中国人的生活中生生不息。面对新冠肺炎疫情，中国采取社区、村屯防控网格化管理、人们接受居家隔离的方式，发挥了至关重要的作用。响应行政要求的背后，是中国人从古至今的秩序观念在发力。企业家与员工是社会存在，思想、意识、观念无一不是时代和时代精神的折射，企业文化必然受到社会文化的牵引。若用"体用"关系构建一种逻辑，社会文化构建一种大秩序，可视为"本体"；企业文化构建一种小秩序，是社会文化在企业的个性化呈现，可视为"作用"。

传承下来的优秀传统文化嵌入民族的血脉，是社会文化的底层逻辑和基石参与构建当代社会的文化基因和整体秩序，由此传统文化也就进入了企业文化的根脉。

数字社会是一个"超级不确定时代"（The Age of Super Uncertainty）[1]，最大特点是系统性的不确定性（Systematic Uncertainty）。或者说，不确定性的显现系统化。在人类的经济和商业活动中，产品、服务、财富标准、交易模式到经济组织等原本稳定甚至经久不变的"参照系"都在被打破；精致的理性原则和参照系的崩溃，技术发展的不确定性，创业者的路线选择，资本的推波助澜，外部环境的影响，都会施加于拐点，使得对拐点的分析格外困难；商业活动要素发生变化，商业活动成本结构发生变化，商业活动交易秩序也在发生变化，传统"商业逻辑"陷入混沌。面对变革、混沌、冲突、危机、脆弱的生存环境，企业若想跟上时代步伐活下来，构建稳定的内部秩序成为刚需。

[1] 超级不确定时代，指客观存在的不确定性。例如，包括经济、政治、社会、科学技术在内的不确定性；包括有限理性在内的主观不确定性；执行、推进的过程中发生的不确定性；还有博弈的不确定性。此外，不确定性可以自我发育，人们在解决不确定性过程中，不确定性很可能不是减缓而是加剧。

两千多年前，李冰父子修建都江堰。同时代的巴比伦空中花园今天已荡然无存，都江堰仍然在灌溉造福于成都平原。当任正非站在都江堰上，惊叹古人伟业的同时，体味"深淘滩，低作堰"的内涵，将其作为经营管理的核心理念。任正非说，华为公司若想长存，"深淘滩，低作堰"的准则也是适用的。深淘滩，就是不断地挖掘内部潜力，降低运作成本，为客户提供更有价值的服务。低作堰，就是节制自己的贪欲，自己留存的利润低一些，多一些让利给客户，以及善待上游供应商。任正非说，要深刻理解"深淘滩、低作堰"所蕴含的道理。传统文化智慧的光芒有如一片火种，生生不息。

从中电投集团到国家核电，再到两者重组后的国家电投集团，一条贯穿始终的主线是中国传统文化中的"和"文化。中电投集团的五元核心价值观，"仁、诚、和、实、优"中就有"和"的元素；国家核电创建之初就确立了"以核为先、以合为贵、以和为本"的核心价值观，并把企业文化命名为"三和文化"；两者重组后，国家电投集团确立了"创新创造、持续奋斗、和谐共生"的核心价值观，延续历史、尊重传统，把企业文化定名为"和文化"，成为中央企业独特的风景线和亮丽名片。

柳传志、曹德旺、王石、李彦宏等优秀的民族企业家，从优秀传统文化中汲取精髓，寻找治理企业的精神力量、价值力量和文化力量，创建形成有中国特色和鲜明特征的企业和企业文化。企业文化种在一个民族传统文化基岩上，如同植物的茎嫁接，把当代企业的枝丫嫁接到一棵根须浓密的老树上，从而老树新枝又一春。

英国管理学家克·霍金森说，"假如哲学家不能成为管理者，那么管理者必须成为哲学家。"企业家素质是企业发展的决定性因素。中国企业家的治企理念，儒家思想功不可没。儒家提倡仁爱思想，与当代以人为本理念不谋而合。孔子提出"忠恕之道"的行为模式，以"仁"为出发点，推己及人。管理者真正设身处地为员工着想，员工体会到自己被尊重、被理解、被关心，存在感、主体地位浮出水面。儒家提倡诚信，企业经营者诚信经营，不欺诈，不乘人之危，做出了榜样，并把这种精神延续到企业员工之中，在生产经营过程中教给员工做人的道理。儒家思想中存续的"发愤忘食"的勤奋精神，"谋道不谋食"的价值理念，"乐以忘忧"的快乐精神，"不知老之将至"的豪迈气概，等等，都深深影响着一代又一代中国企业家。从潘石屹到俞敏洪，从牛根生到张瑞敏，他们身上闪现的光芒，让我们看到民族优秀传统文化对企业家的深刻影响。儒家思想的强大辐射力，形成了儒家文化圈，至今发挥着影响力。"日本把《论语》《孟子》作为古训保存下来，保持着温和的官僚机构文化，并将它运用于企业经营，实现了经济发展"①。20世纪80年代初，中国企业家开始向美国取经，而美国却坦言向日本学习，日本的答案令我们感到震惊：他们一直在学习中国。日本一位现代管理学家曾说，"日本企业家只要稍有水准的，无不熟读《论语》和《道德经》，孔子和老子的教诲给他们的激励和影响之巨，

① 李文永.《论语》《孟子》和行政学[M].北京：东方出版社，2000：65.

实例多的不胜枚举。"

现代管理学之父彼得·德鲁克认为，对于民族优秀传统文化，可以利用它而不要改变它。事实上，也难以改变。"体"本就是一种客观存在，是相对稳定的、寂静的，不可见闻的。中国五千年的历史和绵延的传统文化，使得中国人一站出来，就跟其他民族的人有了根本性的区别。20世纪末，变革企业文化成为一种管理时尚，许多企业的确到了需要改变自己根深蒂固行为习惯的时刻。德鲁克认为，改变企业的某些不良行为，似乎与改变一种民族优秀传统文化无直接关系。他的观点是，民族优秀传统文化可以保持，而通过具体行为方式的改革，即可改变不良习惯。他以日本、德国为例说，在20世纪40年代，日本及德国的价值观、社会制度以及文化都蒙上了一层阴影。但现在的日本和德国在文化上依旧明显是日本式和德国式的，不论这种行为或那种行为是如何的不一样，行为的改变只有在现存"文化"的基础上才能实现。他说，日本是一个最好的例子，它是所有非西方国家中较早步入现代社会行列的国家。100多年以前，它的改革者就有意识地使新的"西方化"行为建立在日本的价值观及传统的日本文化基础上。日本企业及大学在形式上完全是"西方化"的，但它们只是作为一种容器，里面装的依旧是日本传统文化而绝非西方的文化。帕慕克[①]说，"我们不能做传统的奴隶，也不能做传统的敌人"。任何先进的企业文化，毫无疑问需要与自己民族的优秀传统文化结合，需要优秀民族文化给予方向、土壤和价值，需要本民族优秀传统文化注入时间的信息和地域的信息，用历史岁月铸就宽广的胸怀、格局和眼光。传统的东西无法割断，也无法跨越，只能宽容。在充分尊重的基础上去汲取、去传承、去升级，将现代企业管理理念与优秀传统文化中的精华有机地融于一体，展现于企业的战略、经营、管理、制度和行为中，就是企业文化"用"的哲学。

德鲁克讲，企业管理不是理论问题，是实践问题。企业文化是企业管理的灵魂，也是实践问题。数字社

[①] 费利特·奥尔罕·帕慕克(Ferit Orhan Pamuk, 1952—)，土耳其当代小说家，西方文学评论家称他为当代欧洲最核心的三位文学家之一。

会视域下，有的企业追随潮流、求新取巧，把企业文化和优秀传统文化对立起来；有的则过分拘泥于传统、食古不化，企业文化湮没在历史的故纸堆中。唯有懂得在社会整体秩序中有所坚守、有所调整的企业，才得以长存。同仁堂在300多年的风雨历程中，始终恪守"炮制虽繁必不敢省人工，品味虽贵必不敢减物力"的价值理念，树立"修合无人见，存心有天知"的自律意识。适应数字化趋势，改良技术和工艺，逐渐拥有药品、保健食品、食品、化妆品、参茸饮片5大类1500余种产品；25个生产基地、75条通过国内外GMP认证的生产线，生产工艺和工装机械化、自动化水平处于行业领先地位，产品行销40多个国家和地区。光大集团的企业价值观奉行"知行合一"，团队价值观尊崇"协同高效、追求卓越"，员工价值观以"正心诚意、激情担当、开放创新"为引领，将传统文化与时代精神融合起来。企业文化是一种个性化的表达，是一种差异化的存在。透过现象，其与所处地域文化的关联性也清晰可见。以"本体"存在的传统文化是稳定的、一元的，体现本质的"用"则是动态的、多元的，可被眼耳鼻舌身所能感受认知的。"体"的同一性与"用"的差异性，"体用"之间的关联性，使得在同一传统文化环境中的企业文化，表达形式千差万别，根子里却表现出一种共同的文化特征和清晰的价值追求。

企业文化根植于企业经营特定时空的传统文化中。之所以避不开传统文化的背景影响，在于企业的所有成员都会受到所处社会的文化环境潜移默化的影响，企业员工深受社会文化和传统文化的熏陶，每个个体在价值取向和行为模式上都打下深深的烙印。日本和韩国的多数企业，中国多数的民营企业，都明显地具有儒家文化的传统理念与价值观印记。日本企业就有几个共同点：将追求经济效益和报效国家视为自己的经营目标；在管理上信奉家族主义和资历主义；在价值取向上鼓励集体主义和团体主义；在人际关系和劳资关系上强调"和为贵"。在这些企业的文化中，还表现出较强的人身依附意识。中国内地民营企业和中国台湾企业则显示出同样的文化特点：在经营管理方式上，都采取了具有鲜明的儒家文化特点的家族管理体制和家长制管理模式；在管理理念上，激励机制都表现出较强的集体价值取向和道德取向；在人际关系上，都强调人际关系的和谐和较强的人身依附意识。类似现象在国外华人企业中也明显存在。与"儒家文化圈"的企业文化理念形成强烈对照的是，无论是惠普公司、IBM 还是微软，他们的企业文化中都体现出一种强烈的竞争精神、进取精神和理性主义的精神。这些企业的经营管理，强调制度管理模式，不讲东方人的"情面"，尊重员工的个人权利与尊严，在用人上不重学历与资历，强调能力，鼓励员工的创新精神与竞争精神，凸显出美国文化中的所谓"美国精神"和西方文化中的价值观念。社会文化对企业文化的影响，往往表现出同一文化圈中企业文化的一种共同文化特征，即企业文化的优秀传统文化属性。作为一种产生于其所处的传统文化环境之中的文化，企业文化的核心思想会深深地打上传统文化的烙印。无论在同一传统文化环境中的各个企业的文化有多大的差异，作为同一文化环境中的企业文化，其价值取向、行为规范等都会体现出一些共同特征，反映出同一传统文化的特点特质。如同任何形式的"体"都需要具象形态的"用"以表明、证实自己的存在，"种"在优秀传统文化基岩之上的企业文化，也是传统文化在时代里的一种样貌和形态，是传统文化依然在发挥作用的一个道场延续和时空转换。

中国"和"文化源远流长，蕴涵着天人合一的宇宙观，协和万邦的国际观，和而不同的社会观，人心和善的道德观。这是中国传统"和"文化的精髓。2008年8月8日北京奥运会开幕式，张艺谋用30分钟演绎了中国传统文化。汉字是中华民族文化的胎记，用什么来向全世界表达中国人的感情？汉字是最好的形式。张艺谋当时想到三个汉字：第一个是"山"，全世界都有山；第二个是"水"，水域占地球面积的71%；第三个是"和"，"和"的哲学思想和价值理念中华民族独有。前两个汉字不足以表达中国人的情感，通过奥运会这个舞台要告诉全世界，刻在中国人骨子里的五千年传统文化，"和"是最核心的价值观之一，是最重要的哲学理念，在中国和平崛起的大背景下，中国人始终遵循的是"和"的价值理念。国家核电的"三和文化"和国家电投集团的"和文化"，追求的就是要达到一个极致的平衡，就是拿捏得恰到好处，自己跟自己恰到好处，员工跟员工、企业跟企业恰到好处，人跟自然之间恰到好处。本质上就是"和"的诉求。所以，"三和文化"与"和文化"都是"种"在中国传统"和"文化基岩之上，是有根的，就如核电站建在基岩上一样。企业文化只有"种"在民族优秀传统文化的基岩上，才能显现其包容性和格局，才能像大江大河一样绵延流长。国家核电一位管理者从美国出差归来，他说：我发现走得越远，经历的事情越多，我们的"三和文化"内涵越丰富，包容性越强，魅力越大。

企业和企业里的人，生于斯长于斯，企业血脉中自然流淌的是这块土地上长期孕育的精气神，民族的一切文化传统成了这个企业的血脉和基因。当这种基因贯通企业文化的上下左右，成为企业内在秩序一部分或重要组成部分时，企业文化就从企业的小视域、一个行业或局部，自然放在一个民族的社会大视域和全局中，眼光、格局自然提升放大。民族传统文化对于企业文化而言，是天地，是沃土，是基岩，是基因，也是根脉和"本体"，是一面镜子，一本大书；企业和企业文化则是"作用"在民族传统文化沃土上的一棵树，根须扎得深浅广薄，决定企业能否长成一棵参天大树。

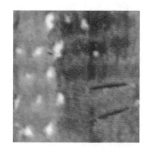

《"一分为三"之二（Ⅰ）》局部

在数字社会里

文化即生活

进入思想治理时代

基岩

企业家的时代方位

活的价值观

第二原点

总是去抚慰

重构故事

娱乐主义

世界的工具箱

把自己作为方法

第二次生产

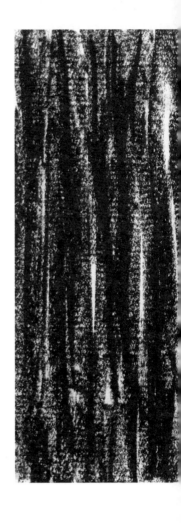

"一分为三"之二（Ⅱ）

企业家的时代方位

克里希那穆提说，"世界是个人内在的投射"①。企业持续创新成长，保持基业长青，背后大逻辑是企业家梦想、思想、情感的牵引。乔布斯弥留之际，对一生最得意产品的回答：是苹果这家公司。企业家把生命投射到企业，企业等同于企业家的第二生命，企业家也就成了企业的灵魂。

① 吉杜·克里希那穆提（Jiddu Krishnamurti，1895—1986），近代第一位用通俗语言向西方全面深入阐述东方哲学智慧的印度哲人，被公认为二十世纪最伟大的灵性导师，代表作《世界在你心中》《生命之书》等。

企业家为企业赋予价值和愿景，锲而不舍地持续丰富、传播和塑造，最终形成看不见、摸得着、挥之不去、无时无处不在的文化。企业文化从企业家胸膛里自然地生长出来，企业家是名副其实的企业文化发源地，企业文化的源头活水来源于此。从事企业文化工作的人，如同园丁，给企业文化浇水、剪枝、施肥、灭虫，角色是企业文化"工人"。专业咨询机构是外脑和智囊，是企业文化建设过程中必要的一环，角色是参谋。

当我们立起这样一个逻辑起点，就可以把第一柱光聚焦到企业家身上，在那里挖掘灿灿金矿。

企业家概念出现于18世纪30年代，是工业时代的发端。此时企业家的使命，是把经济资源的效率从低提到高，让有限资源创造出更高、更大的附加价值。进入现代社会，德鲁克认为企业家最重要的特点，是与不确定性组合在一起。德鲁克说："企业家是革新者，是勇于承担风险，有目的地寻找革新源泉，善于捕捉变化，并把变化作为可供开发利用机会的人"①。企业和企业家成为人类文明演进的标志。

伟人大多具有超越一般人的天赋秉性，企业家也不例外。企业家与生俱来的天赋，是发现现实中的不平衡，而且创造一个新的不平衡，给顾客和市场无限惊喜和意外。当企业家目光触碰五光十色的生活时，天赋随时迸发创造的火花，一次旅行，一次参观，或一次聊天，甚至一句话，都可能触发灵感。哈默博士②在乌拉

① 彼得·德鲁克.创新与企业家精神[M].北京：机械工业出版社，2007: 34.

② 亚蒙·哈默（Armand Hammer，1898—1990），医学博士，美国政治外交型企业家，美国西方石油公司前总裁，是一位颇具传奇色彩的人物。在西方，他是点石成金的万能富豪，而在苏联和中国，他却是家喻户晓的"红色资本家"，被邓小平誉为"勇敢的人"，《哈默自传》在中国更是成了颇受欢迎的畅销书。

尔山区旅行时，看见无数饥肠辘辘的难民和一堆堆的毛皮、丰富的矿产资源，他马上想到："为什么不出口皮毛换回粮食呢？"两年后，他顺路走进一家文具店想买一支铅笔，售货员给他拿了一支一美元的德国造铅笔，同样的铅笔美国只卖两三美分，这触发了哈默博士在苏联设厂的灵感。而埃隆·马斯克就因为读了科幻小说家亚瑟·克拉克的一句话"任何足够先进的科技，都与魔法无异"，而选择了创新之路。发现机会很大程度是靠灵感，抓住机会利用机会需要比灵感更为重要的智慧和胆识，这一系列特质都属于天赋。企业家潜在意识受到外界刺激，激发出特有的天赋本能，快速深入地评价这种需求的方方面面，最终判断是否去满足这个需求。企业家的天赋告诉他，"不会把有利可图的机会白白放过，也不会为徒劳无益的事业孤注一掷"①。准奥地利学派经济学家、一九八六年诺贝尔经济学奖获得者布坎南从"激进主观主义"出发，认为企业家行为所展现的是一种"创造性选择"：企业家不仅是发现已经存在

① 张维迎，盛斌.论企业家：经济增长的国王[M].北京：生活·读书·新知三联书店，2004.1.

但尚未被利用的知识，而是也要创造新的知识；企业家不仅要发现被忽略的市场机会，而且也要创造新的市场机会；企业家不仅要为满足消费者的需求而生产，而且也要培育和创造消费者的新的需求。发现不平衡，牢牢抓住不平衡，并将这种不平衡变成现实需求，这就是天赋。

中世纪的骑士阶级用武力征服世界，建立了军事王国；企业家用产品和技术征服世界，建立了经济王国。在经济世界里，企业家依靠天赋带领人们打破物质世界的平衡，建立起新的经济秩序。当企业家的脚步与时代共同跨入现代，天赋越来越呈现出神性的光芒，越来越清晰地罩在他们的头上。海德格尔概括现代性有五个基本现象：科学，技术或机械技术，艺术审美化，文化被崇高化和神圣化，无神或失神 ①。现代社会中，神性维度缺失，宗教从人类最大价值依靠中日益消弭，英雄开始消失，每个人的个体性独特性越来越得到释放和张扬。当企业家固有的天赋特质与时代发生了化学反应，

① 马丁·海德格尔.海德格尔选集[M].北京：生活·读书·新知三联书店，1996：896.

企业家如同一颗又一颗星星，在人类的天空中熠熠生辉，指引这个时代的航向。十年前，乔布斯英年早逝，令全世界为之心痛，他的思想、情感和对这个世界的认知，至少影响了一代人，或者刻骨铭心地影响了那个时代的人。而埃隆·马斯克目前管理的6家公司，包括 SpaceX（火箭发射与回收）、特斯拉（电动汽车）、The Boring Company（超级高铁）、OpenAI（人工智能）、Future of Life Institute（生命未来研究）和 Neuralink（大脑芯片），每一家企业在各自领域内，都有颠覆行业的潜力。张瑞敏将物联网的本质看作"人联网"，带领海尔创造了"人单合一"模式，所有员工都可以成为自主创业的小微，拥有 CEO 三权。小微们为海尔带来了大量"现有资源范围以外的机遇"，形成新的增长极。乔布斯、马斯克、张瑞敏等等，企业家成为这个时代新的英雄。

人类社会进入到数字时代，社会生产、生活方式、经济形态、国家治理等方方面面发生一系列深刻变化：人与人、人与机器、机器与机器的一切互联，从本质上逐渐改变社会、企业以及人的生活方式；客户需求呈现出更加多元化、个性化、精神性的趋势；技术的快速迭代和颠覆，而且很多技术具有相当程度的颠覆作用，会把以前的专利、商业模式等很多习以为常的东西推翻掉；产品和服务模式发生变革，关注如何将客户和企业"黏合"在一起，如何分享更多的价值给客户。企业生产经营的维度在被重构，规则在被改变，企业生态发生巨大变革。

社会的高度复杂性又为企业的生存环境加剧了"不透明性"。卢曼[①]在《社会的社会》中阐述"社会复杂性"时指出，最复杂的状态是毫无秩序的混沌状态，存在着无数的和各种不同类型的要素，其中任意要素都与其他要素之间存在着连接的可能性。以卢曼的理论框架来审视人类社会，发现传统社会是一个规模巨大但低度复杂的社会，而数字社会是一个超大规模的复杂社会。如果将铁路系统、公路系统、移动通信、互联网、移动互联网等都看作传播

① 尼克拉斯·卢曼(Niklas Luhmann，1927—1998)，德国当代杰出社会学家之一，发展了社会系统论，主张把社会上纷繁复杂的现象全部纳入到一种的理论框架去解释。主要著作有《社会的社会》《社会的艺术》《社会的法律》。

媒介的话，则各种新兴传播媒介的大量涌现和迅速普及，是当今社会迈向超大规模复杂社会的重要条件和诱因。这种情形下，要素与要素之间发生联系后，要素就有可能被"赋能"，价值和效用就得以被重估，从而拥有了全新的价值和能量。超大规模的复杂社会，必然不是一个一目了然的社会，"无论任何人，无论身处社会的何种位置，他都很难真正做到居高临下地俯瞰这个社会，并将整个社会一眼看透"①。这对于企业传统的治理方式和治理手段来说，是一个巨大无比的挑战。

> ① 泮伟江.如何理解中国的超大规模性[J].读书.2019: 5.

　　企业家凭一己之力已力不从心，单打独斗已成明日黄花，更多的是需要团队、平台、生态，企业家群团作战应运而生。企业家不是一个个体，是以集体的面貌和内涵出现。这个集体有核心，这个核心更是一个团队的形象，而且边界越来越不清晰。从管理层到创新团队、到员工、再到消费者，都可能成为"企业家群团"的成员，都是企业文化的共同参与者和缔造者。华为从 2004 年启用轮值 COO 制，2012 年实行轮值

CEO 制，2018 年起采用轮值董事长制。任正非试图寻找后任正非时代的接续方案，为未来的接班人提前做准备。本质上，是任正非构架了一个"企业家群团"来治理企业，完成权力的前后衔接。有了"企业家群团"，文化、制度、人才得以传承，人资关系更加牢固，企业走得也就更远。

企业作为社会的一个器官，想长久存在于社会之中，唯有持续地创造客户，创造市场。客户不是由上帝、大自然或经济力量所创造，是由企业家所创造。德鲁克说，"顾客也许得到企业家提供的产品之前，就已经察觉到自己的需求。就像大饥荒时候的渴求一样，未被满足的需求或许会贯穿顾客的一生，存在于她清醒的每一刻。但是企业家采取行动，把这种不满足变成有效需求之后，顾客才真的存在，市场也才真的诞生，之前的需求都只是理论上的需求。又或者顾客可能根本没有察觉到自己的需求"[1]。企业家敏锐地捕捉到显性或隐性的需求，采取行动，创造了顾客、创造了市场。

[1] 彼得·德鲁克.管理的实践[M].北京:机械工业出版社,2005.

　　数字社会带来了生产、物质、信息的"肯定性"过剩，极为丰富的物质需求退居其次，日趋丰满的精神需求骤然凸显。一个产品，人们首先看它的价值附着、观念蕴含、情感寄托、时尚标志等，产品越来越呈现精神的象征，需求逻辑的逆转带来创造源头的根本变化。企业家创造的产品，已从物质层面延伸到精神层面，功能性退居其次，审美、观念、情感、价值等精神要素上升到第一位。精神需求是人类更高级的活动，其辨识度要靠个人阅历、见识、修为和格局，它的创造性一定是天马行空、独一无二的，一定是个人行为。"企业家具有传统人所不具有的价值观念和文化意识，他的一言一行都表现出对传统的背叛，他带着这种观念和意识破坏旧秩序、创造新生活，影响每一个人、武装每一个人、支持每一个人。久而久之，这种观念和文化就潜移默化地变成了一种时代的观念和文化，一种生活的道德规范，一种社会的行为准则"①。企业家将个人价值融入企业价值，通过产品得以渗透和实现，此时，企业家

① 张维迎，盛斌.论企业家：经济增长的国王[M].北京：生活·读书·新知三联书店，2004: 107.

无可争辩地站到社会价值的制高点上。

　　企业的价值观与人类共同价值观匹配度越高，为社会的认可度就越高。企业家的价值追求与人类共同价值追求的接近融合越来越发凸显。企业家成为时代的良知，成为社会价值的风向标，他以价值为先导，率领着社会前行。企业家自身的修养、境界、格局和天赋一同架构的企业家价值观，始终处于企业家精神的核心地位，否则他们将无法牵引这个社会和时代，也就会将企业家这一称号转送他人，本人也将从企业家行列中隐去。比尔·盖茨人生有三大追求：让每个人都用上计算机，让非洲国家人民免受疟疾的侵害，让全世界的人都用上便宜清洁的电。国家电投集团将自己定位为清洁能源供应商，明确到 2025 年、2030 年和 2035 年，清洁能源发电占比分别达到 70%、80% 和 85%。未来已来，人类更加关注自己的未来，更加捍卫人类的共同价值观，企业家将在这场价值观战役中发挥更加核心的作用。

　　当人工智能成为数字时代的脸谱、趋势和标志，预示着人的体力劳动和智力劳动将在更多的领域和更广的范围内被机器取代。有人大胆预测，人类99%的智力劳动都将被人工智能取代，最保守的估计也在45%以上。自从机器人发明以来，机器能否取代人、超越人，人与机器的关系问题成为时代之问。1931年捷裔美籍数学家和哲学家哥德尔发布"哥德尔不完全性定理"，证明任何无矛盾的公理体系，只要包含初等算术的陈述，就必定存在一个不可判定命题，即一个系统漏洞，一颗永远有效的定时炸弹。牛津大学哲学家卢卡斯根据哥德尔不完全性定理，确信机器人不可能具有人类心智[①]。这就是说，人机之间的主从关系难以改变，机器只能是人的工具，是人的延伸。特别是涉及价值观，机器人根本力不从心。

① 韩少功.当机器人成立作家协会[J].读书，2017.

在机器化信息化数字化的时代，人这个生产力第一要素不但被机器赋予了占有机器、获取信息、分析数据的时代价值，更被机器一步一步凸显放大了这个价值。企业家的价值天平重新寻找平衡点，新一轮"以人为本"的制度行为，以润物无声的方式切入到员工的日常生活。2017年，顺丰速运在深交所上市，快递小哥、飞行员和客服三个一线员工代表出席敲钟仪式。董事长王卫说，上市后对员工的关爱永远不会变，没有员工血汗付出，没有一线、二线、三线员工披星戴月的工作就没有顺丰。钱智民2018年初到国家电投集团工作，讲的第一句就是"把关心关爱员工变成一种习惯"。五年来，出台了一系列员工关心关爱制度机制。2020年起，面向全体员工开展绩效面谈，每季度末主管与员工之间谈一次心，核心是以更多地觉察员工自己的不足为主，焕发员工内在觉悟，自己教育自己，自己管理自己。新冠疫情期间，点对点给总部每位员工写了13封信，叮嘱大家做好个人防疫，鼓励每位员工网上办公，实行弹性工作制，放松心情和加强身体锻炼，按照员工上下班线路组成"搭车CP"，每字每句都带着温度。企业家关注方方面面的细节，这些细枝末节看似小事，放大之后就是"蝴蝶效应"，就是"大江大河"。企业家对人力资本的关注和重视，已然上升为企业第一资源。尊重人、理解人、关怀人，成为今天企业家对人力资本作为第一资源特有内涵的诠释，成为企业家行走世界的利器。

在经营实践中，企业家们发现，现实就是现实，现实是坚硬的。顾客喜欢就买，无需看谁的眼神或顾及谁的面子。企业家们明白，1+1永远等于2。任正非说不管到什么年代，社会如何发展，都需种地打粮食。企业家们一代比一代聪明，从工业社会科学管理算小账，再到今天信息社会、数字社会开始算大账，过去精微衡量人工、成本、效率，现在用大尺度丈量人生、社会和企业，趋向于抽象的维度经营管理企业，比如逻辑、量化、闭环、工具，等等。

逻辑与验证共同构成现代文明的起始点。企业家们在走过近三百年现代企业管理之路后，回首凝视历史，发现逻辑的初心熠熠生辉，越文明、现代、虚拟，越需回归逻辑的始点。让纷繁清晰，虚拟真实，大数据升值，唯有逻辑能担此大任。任正非在20世纪90年代全面学习IBM的制度流程，留下"先僵化、后固化、再优化"的名言。制度、流程、表单的逻辑让华为再造重生，20 年后与一国抗衡而岿然不动。钱智民带领国家电投人提出"2035 一流战略"，用"SPI"和"JYKJ"两个工具让战略落地，由战略、规划、计划、预算、考核、激励等六个环节构成完整战略落地闭合链条，同时开展思考、职责、制度、流程、表单、激励等六个环节构成完整工作实施闭合链条。在 2020 年上半年疫情最严峻的形势下，国家电投集团利润、净利润好于往年、好于时间进度、好于计划预算，增速位于百户央企的前列。企业管理由财务管理、成本管理、人力资源管理向逻辑管理、数字管理趋近和提升，这种大道至简的趋势今天不可避免。

量化的核心思想是"凡是能够衡量到的，就能够做得到"。吉姆·坎塔卢波[1] 先生在分享麦当劳成功秘诀时说，"无论何时何地，无论何人来操作，产品无差异，品质无差异，人们有严格的量化操作手册"。麦当劳在几十年里开几万家连锁店，而不必过分担心产品质量与服务，也不用为要找几万名合格店长而苦恼。

[1] 吉姆·坎塔卢波(Jim Cantalupo, 1943—2004), 1999年任美国麦当劳公司全球总裁和副主席, 2003年任董事长兼首席执行官。

2020 年，国家电投集团提出"保二争一""跑赢自己、跑赢同行"的大目标，钱智民精准确立"双对标、双激励"SDSJ 管理方法，围绕量、价、本三个维度，细分为发电利用小时、售电单价、入场标煤单价、度电成本、吨煤完全成本、吨铝加工成本等六类指标和七个产业，将对标指标和激励措施分解到集团 37 家二级经营企业和每一个基层场站，当年面对疫情大考，利润、净利润比上年增长 30%。

企业的本质是面向市场和不确定性创造价值。企业家遵循结果优于过程，价值创造经闭环管理得以清晰。比亚迪总裁王传福认为，管理不能忘了两个东西。一个是逻辑关系，不要想当然；另一个是闭环，这一环没搞完就不放手，这实际上就是我们常说的执行力。马云说："阿里巴巴的 KPI 是令人讨厌的。每个人都愿意停留在理想之中，每个人都恨 KPI，但如果没有 KPI、没有结果导向、没有效率意识、没有组织意识、没有管理意识，那么我个人觉得所有的理想都是空话。"2018年末，钱智民结合国家电投集团实际，提出"零亏损"目标，本质是从结果倒推，寻找破解思路举措的闭环思维。"零亏损"落地，首先聚焦八家亏损企业，每家请熟悉情况的人带领包干，一个团队主攻一个山头。

人类创造并使用工具，本质是折叠时间，让人在时间面前高度自由，将人类自身解放出来。企业家一方面创造组合企业管理工具箱，给出管理工具的"组合拳"，也创造属于自己的专属管理工具，与战略、管理、经营同行。企业家创造的工具一定是时代的产物，如蒸汽机，如汽车，如计算机，当下企业家创造、使用的管理工具基本特征是极简、数字、管用。国家电投集团运用 TOP10 工具，将一个时期头绪繁多的重点任务，抽离出十件左右最紧要的事，化繁为简、一目了然。德鲁克说："管理是一种工作。因此管理有其技能、有其工具，也有其技术"[1]。当这种工具从生产力，上升为管理、理念层面，就成为企业文化的应有之义。任正非的灰度理论，"深淘滩、低作堰"[2] 的企业生态信条是如

① 彼得·德鲁克.管理：使命、责任、实践(责任篇)[M].北京：机械工业出版社,2019.

② 战国时期秦国蜀郡太守李冰在都江堰治水时的名言。

此；钱智民抓工作落地的"四大法宝"①，"超前领先一公里，协作支持一公里，最后落地一公里"的管理理念也是如此。

中国新一代企业家拥有全球视野，中学为体、西学为用深入骨髓，移植、嫁接、拿来主义和创造兼收并蓄，在他们的观念和行为中已合而为一，内生出一套完整的属于他们自己的管理范式。企业家治理企业的方法论日趋逼近现代管理的本质特征，他们大量运用逻辑、量化、闭环和工具来管理企业。

企业家思想是企业的源头，企业是企业家思想的投射。然而，任何一方也不是另一方的全部来源。在企业文化已经进入思想治理的时代背景下，企业比以往更加渴望企业家思想，企业家们以"不曾饶过岁月"的倔强，与时间赛跑，与时代共舞，将自己的内心投射到世界。

① 钱智民在国家电投集团一届二次职代会暨2020年工作会议讲话中，谈及企业发展经验时总结出"四大法宝"：一是将学习贯彻中央重大决策部署与集团改革发展紧密结合起来；二是发扬钉钉子精神；三是坚持结果导向，落地榫实；四是上下同心，凝聚智慧。

在数字社会里

文化即生活

进入思想治理时代

基岩

企业家的时代方位

活的价值观

第二原点

总是去抚慰

重构故事

娱乐主义

世界的工具箱

把自己作为方法

第二次生产

"一分为三" 之二（Ⅲ）

活的价值观

维特根斯坦说，"符号自身似乎都是死的。是什么给了它生命？它在使用中有了生命。它在使用中注入了生命的气息？——抑或使用就是它的生命？"[1] 企业文化迈入思想治理时代，核心价值观成为企业治理的根和源。核心价值观从企业历史土壤里生长出来，植入企业的生命和灵魂，展示不同于他人的企业个性，张扬朝气蓬勃的企业生命力。此时此地此景，企业核心价值观是活的。

"我是活着的"

"就个人来说，每个人都是他那时代的产儿"[2]。人的精神生活与物质生活唇齿相依，徜徉于"此在"，逐时间洪流而舞，随社会发展而动。

[1] 陈嘉映.维特根斯坦读本[M].上海：上海人民出版社，2020: 131.

[2] 黑格尔.法哲学原理[M].上海：商务印书馆，1982: 6.

工业革命和互联网革命的融合，使中国社会呈现农业社会、工业社会、信息社会和数字社会等四种社会形态并存的独特样貌，"云大物移智链"① 等数字技术变革了人类基本生存观，价值观念随之发生新的变迁。

"人们为了提高效率和生产率而将时间碎片化，并打破时间上稳定的结构"②。时间的线性结构被肢解后，时间的摩擦越来越快，对即时性的渴望也越来越强。比起通过漫长的经验积累达成一件深邃的叙事，今天我们更乐于用一篇篇短小文章挥展出一件接一件张力十足的叙事，为生命注入多样的可能。时间赋予生命全新的度量，建立起人生价值的全新坐标。

数字社会是透明社会，是展示社会。展示价值俨然成为第一价值，每个人都成为自我的展示对象，最大化地寻求"点赞"。"在数据时代，人们相信生命是可以被测量、被数字化的"③。"量化自我"成为数字社会的一种信仰，生命被安装上永不关闭的发条，一切时间都可被工作占有，一切不是行动、

① "云大物移智链"是指云计算、大数据、物联网、移动互联网、人工智能、区块链。

② 韩炳哲.他者的消失[M].北京:中信出版集团, 2019: 5.

③ 韩炳哲.精神政治学[M].北京:中信出版集团, 2019: 81.

不具量化的东西都可被剔除。在积极自我完善和展示中，社会生产力实现高度活跃和有效释放，一种新型的异化——价值异化露出端倪。价值展示的途径不一，成功的评判标准却日趋单一，不允许失败和退出。"出名要趁早"对价值长期主义发起猛攻，人们或主动或被动进入同质化竞争，年轻人岗位猝死事件屡见不鲜，倦怠、焦虑、痛苦等情绪悄悄弥漫，"躺平"① 成为青年的时代呐喊。除去病痛，其他痛苦都是价值异化带来的，并不是真实存在。

① 躺平，网络流行词。指无论对方做出什么反应，你内心都毫无波澜，对此不会有任何反应或者反抗，表示顺从心理。另外在部分语境中表示为：瘫倒在地，不再鸡血沸腾、渴求成功了。躺平看似是妥协、放弃，但其实是"向下突破天花板"，选择最无所作为的方式反叛裹挟。

网络世界很大也很小，随时随地读万卷书行万里路，人们认知视野出现质的跃升。移动互联网与生活场景无缝衔接，技术与利益深情拥抱。外卖、约车、跑腿、租房等应用平台，为生活提供了从未有过的便利，原本身体真实感知的空间距离，瞬间转化为手机屏幕上的数字距离。距离感的模糊，导致"附近的消失"。"数字秩序致使世界的去实体化愈演愈烈。如今，实体间的交流越来越少了"[①]。以"数字群"为代表的网络空间,加剧了"他者"[②]的消失。传统社会里,人们交往受空间限制,形成思想共识并不容易。互联网打通了沟通壁垒,每个人都有表达意见的权利,表面上看难以形成一种声音,事实是大数据和算法让每个人都置身在一个个"群"中,并迅速形成一种声音。这个"群体意识"与中国传统文化的概念,不能同日而语。基于特征和标签的信息推送,数字人困守在自己感兴趣的领域,看到自己愿意看的内容,相信自己愿意相信的内容。人群更大程度地被隔绝开来,越来越趋近于与相似的个体在一起。"数字化的全联网(Totalvernetzung)和全交际(Totalkommunikation)并未使人们更容易遇见他者。相反,它恰恰更便于人们从陌生者和他者身边经过,无视他们的存在,寻找到同者、志同道合者,从而导致我们的经验视野日渐狭窄"[③]。狭窄诱发高度情绪化和非理性。一种表现是价值观对立冲突加剧,社会热点问题分分钟引

① 韩炳哲.他者的消失[M].北京:中信出版集团,2019: 62.

② "他者"(The Other),是相对于"自我"(self)的概念,指自我以外的一切人与事物。凡是外在于自我的,不管以什么形式存在,都可以被称为"他者"。"自我"与"他者"是西方哲学中探讨主体与客体关系问题的重要范畴。

③ 韩炳哲.他者的消失[M].北京:中信出版集团,2019: 5.

爆网络舆论，各类意见群体对垒交锋，别人的观点是什么不重要，事实是什么不重要，自己的逻辑最正确。另一种表现是价值观不稳定，我们极易顺着社会思潮，被大众裹挟、支配和"洗脑"，在快速翻新的流行情绪里观照自身，要么对自我生活方式产生质疑和困惑，对自我作出深刻否定，花样百出立起虚拟人设，2020年上海名媛事件①极具典型性；要么随波逐流，不断去追逐所谓的正确路线、成功模式，越来越不清楚什么才是自己想要的，什么才是适合自己的，就业观、婚恋观、休闲观、消费观等不同程度呈现这山望着那山高的趋势，人心越来越浮躁，企业面临的诱惑和选择越来越多。

① 2020年10月，一篇《我潜伏在上海"名媛"群，做了半个月的名媛观察者》的文章在网络上引发关注，文章反映上海"名媛"群的群友们通过拼单的方式喝五星级酒店下午茶、住总统套房、用奢侈品、开豪车等社会现象。

　　随着个体主体性的觉醒和强化，个性需要、个体利益、个人价值迅速移动至价值链条的上游，传统义利观对经济社会发展的影响制约越来越弱。绩效社会带动了急功近利的节奏，义利关系失衡导致的道德失范现象时有发生，瑞幸咖啡"财务造假事件"并不是个案。新的生产方式造就新的社会关系，行业越来越垂直细分，协作越来越深入广泛。一个人就是一个独立的经济体，既可以独立完成生产，也可以通过协作和组织去完成系统性工程，社会需要垂直之下的劳作"匠人"，也需要可以调动多方资源执行项目的专业团队。新的分工和协作撕裂着传统关系网，以价值分配为基础的新式链接正在形成，"价值"将替代"关系"成为游戏规则。一个人有价值，就能成为关系网中的一个节点，价值越大节点传输的链条越多，关系活跃指数越高。在分工协作的体系里，价值决定因素不再取决于短板，而在长板。"长板"越长，价值就越大。自我价值实现成就了集体价值最大化，个人价值与集体价值之间实现了新的平衡。

价值观在社会转型中多元多样多变，每一次的"去中心化"都让社会的创造活力得到空前迸发，春秋战国和民国时期被公认为是中国历史上百家争鸣的大师时代，与之对应的社会治理难度增加，核心价值观这一高阶价值观的作用由幕后走到台前。高阶价值具有先进性、普遍性和稳定性，将组织中原子化的个人观念进行有效整合，形成思想领域的最大公约数。比如"仁义礼智信"之于儒教中国，比如社会主义核心价值观之于当代中国。企业存在的根本是为客户创造价值，品牌、形象、用户感受等都是在价值创造后自然而然的结果。在这个充满不确定性的时代里，企业秩序需要动态重构，边界正在不断打开，做什么与不做什么，什么阶段该做什么、怎么做，无时无刻不在面临选择。与时间同呼同吸、同频共振，明明白白地表达出活下去、活得好、活得久的核心价值主张，是一种信仰、一面旗帜和一股力量，数字社会这一场思想和行动的"再中心化"，将成为企业最大的内部确定。这启发我们，作为企业核心价值观，"我不是死的，是活着的"。

"我的道路"

毛泽东曾提出，人的正确思想是从哪里来的？他回答，人的正确思想，只能从社会实践中来[①]。好的核心价值观是

① 中共中央文献研究室.毛泽东文集.第8卷[M].北京：人民出版社,1999: 320.

从哪里来的呢？是咨询公司通过几次访谈、几张问卷总结出来的吗？不是。是企业文化部门坐而论道论出来的吗？不是。是借鉴别人拼拼凑凑、修修补补得来的吗？也不是。每个企业生而不同，基因是独一无二的。这份独有与专属，从企业冒着烟火气的生产生活里，循着历史留给企业什么、企业家想些什么、企业发展需要什么、企业文化的根在哪里这四条小路，走进历史、现实和实践的逻辑轨道："这就是我的道路"。

希腊传说中安泰俄斯 ① 力大无穷，他强迫所有路过利比亚的人同他角力，一旦他被摔倒在地，接触到自己的母亲——大地女神盖亚，就能立刻获得新的力量，凭借这一点他始终战无不胜。后来赫拉克勒斯发现了这个秘密，他将安泰俄斯从地上高高举起，继而在半空中杀死了他。企业核心价值观之于民族传统文化就像安泰俄斯之于大地，从民族传统文化中源源不断汲取养分，企业核心价值就有了稳定张力和历史格局。黑格尔说，传统就像是一条链子，在过去出现的观念在现代仍会

① 安泰俄斯，是希腊神话中大地女神盖亚和海神波塞冬的儿子，居住于利比亚，是个巨人。

出现。中华文明是世界诸多文明中唯一没有中断过的文明，在5000多年历史中孕育发展的中华文化和价值体系，潜移默化为每一名中国人注入DNA。那些穿越千年留下来的文化精神内化、积淀、融入中国人的骨血，固守在生活方式、风俗习惯、审美情趣等方方面面。面对灾难，《星际穿越》[①]是三五个英雄寻找全新的生存环境，《流浪地球》[②]则是带着地球去流浪的集体迁移。中粮、华为、阿里巴巴等深耕核心价值观治理的企业，他们所突出的诚信、信任、艰苦奋斗、以人为本等等，无不蕴含着中国传统文化的精髓。

眼睛向内，回望企业自身的前世今生，将会看到核心价值观独特性的原生密码。华为自2010年发布"以客户为中心，以奋斗者为本，长期坚持艰苦奋斗"核心价值观后，引发国内外企业的广泛关注和移植嫁接。其核心是企业文化终极价值即

[①] 《星际穿越》是2014年美英联合制作的科幻电影，该片在物理学家基普·索恩的黑洞理论之上进行改编，主要讲述了一组宇航员通过穿越虫洞来为人类寻找新家园的冒险故事。

[②] 《流浪地球》是2019年中国电影股份有限公司、北京京西文化旅游股份有限公司等联合出品的科幻灾难片，根据刘慈欣的同名小说改编，故事背景设定在2075年，讲述了太阳即将毁灭，已经不适合人类生存，而面对绝境，人类将开启"流浪地球"计划，试图带着地球一起逃离太阳系，寻找人类新家园的故事。

人本至上思想的彰显，体现为对内怎样对待员工，对外怎样对待客户和社会公众，怎样尽到社会责任。企业核心价值观强调解决人的信仰、价值观、伦理、精神和哲学问题，解决人为什么生存，企业为什么发展，企业如何发展的问题。德鲁克认为，资本主义最大的缺陷是只注重经济而不考虑人，是单维取向。习近平在疫情面前提出"人民至上、生命至上"，深得全国人民的响应和拥护。《尚书》讲"民为邦本，本固邦宁"。孔子说，"仁者，爱人"；孟子说，"民为贵，社稷次之、君为轻"。中国传统文化的根脉——以人为本的思想，为华为的文化主张——对外以客户为中心、对内以奋斗者为本，作了最好的标注。

企业文化是从企业家胸膛中长出来的，核心价值观与企业家价值观的渊源也大抵如此。优秀的企业家毫无疑问是社会上的精英分子，承担着影响和改变多数人生活的使命。他们与生俱来拥有过人的天赋、不甘于平庸，时时处处求新求变，他们具备经营企业的各项基本面，包括敏锐的商业直觉、于万千变化中直取关键的透彻和理性，他们能够克服贪婪、怠惰等人性的弱点，坚韧执着带领队伍前行。这些优秀的品质造就了企业家的人生信条，主导企业的每一个产品、每一项服务都附着上浓烈的价值烙印。企业家的英雄本色带动员工对企业产生认同与归属，企业的核心价值观也就水到渠成。2015年，小米因销量下滑而急需优秀的销售管理者，雷军却因为面试者"我有能力把稻草卖成金条"这一句话，拒绝了这位"销售天才"。原因也只有一句话，"你跟我们的价值观不符，我们不需要骗用户的人"。小米的核心价值观是什么呢？"真诚"和"热爱"。号准企业家的思想脉搏，也就看到了企业最鲜活的价值观。钱智民2018年1月到任国家电投集团后，公司企业文化建设团队用三年多的时间记录他所有重要活动、各类会议里的讲话发言，梳理后着手提炼核心价值观，升版企业文化。新版核心价值观、员工和干部行为公约主要来自企业家的所思所想，提取高频词汇、重点语句、核心观点。着眼企业经营管理的现实，只需关注企业家在深思熟虑想些什么，具体说了些什么，实际又干了些什么，将企业家价值观进行全面准确地梳理，再进行高度概括和提炼，如此简单，如此朴素，如此常识。

核心价值观是企业对员工、对社会的承诺。承诺，如同理想，如同信仰，适度的超越性显然更有感召力和驱动力。数字社会的到来，全球范围内同质化现象使得人类更加关注自己未来的命运，"我们须得创造出一种愿意接纳独特性的通用秩序"[①]。用文化来解决人与自然、物质世界与精神世界的矛盾，成为一个坦途。中国人自古就

① 韩炳哲.他者的消失[M].北京：中信出版集团，2019：23.

有的"协和万邦""万国咸宁""以天下观天下"等"天下观"表达了关于世界秩序的一种理想，在世界互联互通的今天释放出普遍价值的气象。日益走向世界舞台的中国企业越来越主动地站在人类命运共同体制高点上审视自身价值，追求经济价值与社会价值的相得益彰。从盒马鲜生以纯天然为导向的货源品质颠覆了生鲜产品消费模式来看，从电动汽车全球热卖、汽车工业迎来产业链创新链百年变革的趋势来看，企业的

核心价值观与人类共同价值观匹配度越高，为消费者的认可度就越高。从第一产业到第二产业再到第三产业，从实体型企业到互联网企业再到物联网企业，从大型企业到中小型企业，无论在形态上、规模上、产品类型上乃至消费群体上，不管有多大的差异，谁都无法逃避这样一个价值导向。回应人类对青山绿水、碧海蓝天的渴望，能源企业的核心价值观就不能偏离绿色发展的主航道；顺应社会对提高生产力的现实需求，科技企业应以创新创造为己任；心系人们对美好生活的向往，客户思维就越来越成为企业经营的第一取向。

人类思想史表明，任何思想观念都需要在不同的社会土壤中、不同历史条件下，经过实践的检验和淬炼，才能取得特定的正当性。核心价值观也一样，既不是先验的、绝对的，也不存在对与错、好与坏，最重要是适合自己。第一次世界大战期间，有一位人类学家在太平洋岛屿上考察食人部落，他觉得人吃人是非常野蛮和残忍的事情。后来，他和食人部落的酋长通过翻译攀谈，说起欧洲正在发生战争，一天有几万人丧生。酋长好奇地问："每天杀那么多人，你们吃得完吗？"人类学家解释说欧洲人不吃人肉。酋长惊呆了，说："你们不吃人，还要每天杀那么多人，简直太野蛮和残忍了！"显然，人类学家与酋长的结论不存在谁对谁错的问题，因为他们生活的世界截然不同。文化即生活。企业文化的根深深埋在企业生活的土壤里，文化的内核——核心价值观也离不开企业生活的实践检验。华为的核心价值观是任正非对华为以往成功实践的总结与提炼，是经过全体员工汗水检验析出的精华，所以充满了力量感。腾讯成立 21 周年时将价值观中的"合作""创新"升级为"协作""创造""正直""进取"依然位居前列。马化腾表示，"对正直的坚持，吸引了一批秉持同样价值观的同路人，也帮助我们自省、反思和向善，这是腾讯一路走来的基石"[①]。变与不变的逻辑，唯在实践。实践出真知。

　　核心价值观的形成从来不是一个自发自然的过程，需要一些人来倡导和推动。儒家的核心价

① 马化腾在腾讯内刊《三观》中发表的文章，《三观》以一年为单位，记录腾讯的成长和主要变化。

值观是由孔子和他的弟子们发起，经过后世学者思想家们的不断推动得以稳固，现代西方自由民主等核心观念是由文艺复兴和启蒙运动的学者倡导的。在企业核心价值观的梳理提炼中，少数人的作用不可否认，不能忽略。企业家顶层设计高层推动，企业文化工作部门掌握方法当好"园丁"，专业机构发挥好专业参谋的作用，这样"找"出来的核心价值观一定是在地的，有联系的，有个性的，像自己的。因此，也就是好的。

"我要生活"

做企业，每天都会面临选择。正确的决定是成就，错误的决定是毁灭。核心价值观是企业推崇的基本信念和奉行目标，是企业家与企业员工判断事物的标准。好比稻盛和夫[①] 所说的"常识"，员工在面对企业与客户，企业与员工，短期利益与长期利益的选择时，可以凭直觉做

① 稻盛和夫，1932年1月21日出生于日本鹿儿岛县鹿儿岛市，鹿儿岛大学工学部毕业。27岁创办京都陶瓷株式会社（现名京瓷Kyocera），52岁创办第二电信（原名DDI，现名KDDI，在日本为仅次于NTT的第二大通信公司），这两家公司又都在他的有生之年进入世界500强，两大事业皆以惊人的力道成长。

出判断。核心价值观一旦成为"常识"般的条件反射，会形成巨大能量。难就难在，改造一个人的思想可以列为世界级的难题。更何况，现有文化宣贯套路相似：咨询公司设计方案、制作员工手册、开发布会、发通知要求落实……文化与人之间应有的浑然天成在量化、标准化、程序化的模式中荡然无存。本质上讲，人是经验性动物，日常生活的经验，特别是日复一日的生活经验和知识经验，会成为重要的价值取向与判断力。核心价值观的小宇宙，终究要遵循实践——提炼——实践的"大循环"逻辑，投放到企业生活的能量场里去，生生不息。

被誉为"定位之父"的特劳特① 反复强调一个观点：一个品牌定位的完成，收尾动作应该是"占领消费者的心智"。比如想要买车，就能想到奔驰、宝马，想要买手机，就能想到苹果、小米，这就是品牌在消费者潜意识中留下的"观念"。核心价值观的定位也是一样，要"占领员

① 杰克·特劳特(1935—2017)，美国人，"定位"理论创始人，1969年以《定位：同质化时代的竞争之道》论文首次提出了商业中的"定位(Positioning)"观念，1972年以《定位时代》论文开创了定位理论。2001年被美国营销协会评为"有史以来对美国营销影响最大的观念"。

工的心智"。如同广告对于产品的作用，传播对于核心
价值观同样重要。目前的主流模式，企业核心价值观
是以凝练的语言或词汇表达。一个现实问题是，如果
没有诠释和解读，员工依然不知道应该怎么做。这时，
重要的事情不止要"说三遍"，更要天天讲、月月讲、
年年讲，重而复之，一直输出，直到形成记忆、自动运转。
张瑞敏讲到自己在海尔扮演的角色：一是海尔价值理
念的设计者；二是牧师，也就是海尔价值理念的宣讲
者和实践者。以企业家为首，拥有一位或者多位善于
布道的"牧师"，核心价值观的传播就赢在了起跑线上。
信息从"出口"到"入口"需要通道，通道与接收者
的匹配度常常决定了传播效果。这些年，各大电视台
跨年晚会大战愈演愈烈，而比起绚丽舞美、明星战术，
越来越多的年轻人喜欢在 B 站 [①] 上跨年，

① 哔哩哔哩（英文名称 bilibili，简称B站），2009 年创建的中文网站，现为中国年轻世代高度聚集的文化社区和视频平台。

问题不在好不好，在于搭不搭。展示社会
里，人人竞相发声、听力消减。如何让员
工听进去呢？开会、研讨、交流、关心关
爱、讲故事、娱乐活动等一切经过实践检验的有效方

式都可用，只需要为它们注入时代的灵魂。比如讲故事，任正非坐经济舱、深夜排队打车、员工食堂排队吃饭的小故事在企业内外口口相传，"长期坚持艰苦奋斗"就有了最生动的释义。新媒体新介质的强势传播，为讲故事披上了时代新装。字节跳动用《字节范》短视频讲述自家的员工手册，腾讯配合价值观升级拍摄了《价值男团》，国家电投集团《我在》温暖集结了大江南北的奋斗画面。这些形式多样的故事将形而上的宏大叙事融入形而下的日常生活，起到了四两拨千斤的效果。

　　"观念并非一种纯粹的智力上的构想；其自身内部即蕴涵着一种动态的力量，激发个体和民族，驱使个体和民族去实现目标并建构目标中所蕴含的社会制度"①。观念与制度的理论逻辑如此清晰。

① 约翰·伯瑞.进步的观念[M].上海：上海三联书店，2005：1.

企业核心价值观向"常识"转化，建构目标中所蕴含的一套制度体系十分重要。制度规范将抽象的观念具象为明确的是非判断和行为边界，明明白白告诉每一位员工该做什么、不能做什么，确保企业从创始人一个人到一百人到千人万人时，行动可以基本保持一致。华为文化的全部理念依靠制度的力量得以实现。关于如何对待客户、如何对待员工这两个终极问题，华为给出"以客户为中心，以奋斗者为本"的回答，并在制度上解决了这两个问题。华为的组织设置、业务平台、流程审批等，都是以客户需求来定位的，分配激励机制、人力资源和干部管理的制度政策等，都是以奋斗者为导向的。价值观制度化后，华为实现了对客户需求怀有宗教般的信仰和敬畏，做到了将 20 万员工凝聚起来，成为与任正非一模一样的奋斗者。福岛核电站事故后，IBM、思科等公司的员工都被公司接走，华为的员工却留了下来，保证基站通信顺畅。高度的责任感和秩序感，为华为在日本赢得了很大的市场。与日本类似，华为人对客户的态度和行为改变了世界上很多人对中国和中国公司的看法，华为的世界市场由此而来。一条条具体的约定，使核心价值观渗透到企业日常生活的种种细节之中，成为员工的行为习惯，"日用而不知"。

圣·埃克苏佩里[①] 说："如果你想建造一艘船，先不要把人们召集起来采集木材、分配工作和发号施令，而要引导他们向往浩瀚无边的大海。"科技越发展，就越需要用文化来解决人与自然、物质世界与精神世界的矛盾。科技越发展，企业价值观就越重要。这一份共同的守望和执着，观照企业走向星辰大海。

① 安东尼·德·圣-埃克苏佩里(1900—1944)，法国作家、飞行员，1900年6月29日生于法国里昂。1944年获得"法兰西烈士"称号。他以于1943年出版的童话《小王子》而闻名于世，其他著名的小说分别有《夜航》《人类的土地》等。

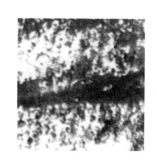

《"一分为三"之二（Ⅲ）》局部

在数字社会里

文化即生活

进入思想治理时代

基岩

企业家的时代方位

活的价值观

第二源点

总是去抚慰

重构故事

娱乐主义

世界的工具箱

把自己作为方法

第二次生产

《三界》

第二原点

在读图时代里，LOGO，即企业标识以其显著、易识别的图像表达，成为最容易入眼的企业符号。它可以出现在企业相关的任何地方，让人们看见、认识、品评、记忆，镌刻第一印象。通过 LOGO，浓缩在图像背后的叙事徐徐展开，企业的经营理念、产品特质和价值追求等一一呈现。LOGO 是企业的主视觉，是企业最核心的品牌形象，最具价值的文化图腾。

符号是人类创造出来的相对独立于客观本体的存在，是携带意义的表达。红绿灯以对比性的色彩，构建一种秩序。国旗、国徽作为国家形象和意志的标志，具有语言文字难以确切表达但却人人都懂的丰富内涵。LOGO 作为企业出现频率最高的符号，从诞生之日起就旗帜鲜明地表达出：我是谁、我的个性、我的目标。中国联通的 LOGO 由中国古代吉祥图形"盘长"纹样演变而来，回环贯通的线条，象征现代电信企业的井然有序、迅达畅通以及联通事业的无以穷尽、日久天长。LOGO 造型有两个明显的上下相连的"心"，展示中国联通通信、通心的服务宗旨，即永远为用户着想，与用户心连着心。LOGO 手握着企业性质、历史、产品特征、经营理念等文化密码，与将目光投射到它身上的客体产生精神上的链接，建立一种由远及近的关系。人们对 LOGO 的认同，就是对企业文化的认同，就是对企业的认同。认同一旦萌芽，经过时间法门的打磨与加持，便成为记忆，占据价值选择的优先级，拥有情感上无可救药的喜爱与执着。消费者能够记住它、喜爱它，成为忠实追随者，愿意为产品买单。员工崇拜它、呵护它，投入情感，不离不弃。奔驰的三叉标、爱马仕的橘色马车、华为的太阳花，俨然成为品牌"图腾"。

数字化在生产生活的全方位渗透，各种各样的卡号、密码、二维码等数字代码成为新的身份表征，数字成为当今社会的第一符号。每天手机不离手的人们，对数字产生超强的依赖性。人与劳动、人与物、人与人之间的关系，被符号关系所取代，被一系列数字的、图像的、虚拟世界的符号包围和控制，人的符号化倾向广泛渗透经济生活领域和社会交往领域。日常沟通除了用文字表达，越来越多的人愿意使用 emoji①、表情包表达，这些图形符号显然比文字更快捷，更生动，更招人喜欢。"在展示社会中，每一个主体都是自己的广告对象。一切都是以它的展示价值来衡量的"②。潮水般汹涌的信息世界里，物只有被观照时，才有可能夺取到注意，进而拥有展示价值。简单粗暴的视觉感官刺激日渐成为主导。同质化席卷全球，因其肯定性而不可见。

　　符号异化是一场价值意义上的社会危机，LOGO也无法幸免。一些企业满足于 LOGO 的展示价值，将目光聚焦到设计上，用平滑的审美作为最大的标准，进行好或不好的简单评判。社交媒介促成了图像的逆转，美图技术毁灭了图像原始的符号价值。以失去真实性为代价，图像越来越美。"自某一特定的点开始，

① 绘文字（日语：绘文字/えもじ emoji）是日本在无线通信中所使用的视觉情感符号，绘指图画，文字指的则是字符，可用来代表多种表情，如笑脸表示笑、蛋糕表示食物等。在中国大陆，emoji通常叫做"小黄脸"，或者直称 emoji。

② 韩炳哲.透明社会[M].北京：中信出版集团，2019. 20.

生产不再是创造性的，而是破坏性的"①。LOGO 的设计越来越容易，也越来越美得千图一面。由于没有深度结构，没有语义和密度，人们对它不再有探寻之心和精神关注。相当一些为人们日常生活提供服务和产品的企业，他们的 LOGO 却没有与之相匹配的存在感和亲密感，无法进入客户的眼里心里，远远谈不上信仰和膜拜。反观苹果。被咬掉一口的苹果图标看上去很简单，但它灵动精致，像一件精美简约的艺术品。苹果 LOGO 的设计高度契合苹果公司的价值观：简单精致。苹果的全线产品都是围绕这个理念应运而生，全线产品身上的银色苹果就表现为最真实的美，最独一无二的存在。一个好的 LOGO，它会告诉所有人，我们的产品理念是什么，我们最重视的是什么，我们的经营哲学是什么。

　　LOGO 极需价值观。没有价值观的引领与注入，再好的设计都将失去否定，趋于透明，"没有生与死，没有命运与事件"②。透明的图标可以无穷无尽地一键

① 韩炳哲.他者的消失[M].北京：中信出版集团，2019：2.

② 韩炳哲.透明社会[M].北京：中信出版集团，2019：19.

复制，而图像蕴含着时间密度、意义维度、情感温度，这些膜拜价值所在的刺点永远无法复制。刺点断开了平滑和顺畅，制造了缺口和裂缝，"它构成了一个强度和密度最大的地方，蕴含着一些难以定义的东西"[①]。难以定义的东西往往是值得回味的东西。企业价值观立起 LOGO 的筋骨血脉，企业精神充盈 LOGO 的形象气质，赋予 LOGO 以分量、瞬间的冲击、长久的目光和沉思。如此，LOGO 便是自家的孩子，是最美的生命，始终呵护他成长。由此说来，LOGO 的设计是观念进入的过程，是理性输出的结果，是理性思考与感性表达的完美结合。LOGO 和价值观的互动，一定是先有价值观，再有 LOGO，是价值观在牵引着 LOGO 的成像。从这个先后顺序来看，价值观依然是企业文化的第一原点，LOGO 是感性的、可视的价值观，是价值观的物化表达和外化展示，是第二原点。

① 韩炳哲.透明社会[M].北京:中信出版集团,2019. 45.

　　LOGO 生成的根本逻辑也就不言而喻——设计始终居于理解之后。要想设计一个有个性的 LOGO，设计师首先要充分理解企业文化，特别是要准确把握企业核心价值观的精髓和生成路径，将抽象的价值观念通过适当的图像表达出来，固化下来，使人们看到LOGO就能自然产生联想，对企业加深认识。企业价值观不够明确，设计师就会找不到瞄准的靶心和用力的方向，设计出来的图像也大多是放之四海而皆准的泛泛之作。LOGO同质化的原因，大多便在于此。华为从1987年正式注册成立到现在已更换三次LOGO：初代太阳花有15片花瓣，代表华为成立时15名创始人。第二代太阳花采用聚散模式，八片花瓣由聚拢到散开，表达华为事业上的兴盛。花瓣慢慢开放，花瓣上加入光影元素，表达华为不断创新、开放合作的理念，发展上更加稳健、更国际化和职业化。红色给人一种冲动感，让华为品牌显得更为出众。2018年3月做的新改变，太阳花由渐变色改为纯粹的华为红，圆弧形的"E"变为直角，以简洁现代的风格清晰传递华为的核心理念：聚焦、创新、稳健、和谐。LOGO中所有的图形均指向底部中心，代表华为始终坚持一切从客户需求出发，坚持以人为本，将多元化的员工视为企业的核心资产。太阳花的三次新颜，不但造型上更加简洁直观，更重要的是新 LOGO 更加符合时下华为的经营哲学，是华为的价值观升级赋予 LOGO 新的姿态。

LOGO 的设计是按照企业核心价值观的内在逻辑来进行的。2015 年国家电投集团组建后，LOGO 的诞生遵循四条准则：新集团的"和文化"；清洁能源的行业属性；强烈的时代感；独一无二的个性识别。而第一条，必须只能是"和文化"这个国家电投集团的核心价值观，这是 LOGO 设计的原点和底层逻辑。无论是色彩选用、线条造型、形态含义、不同元素的排布，都要与之高度契合。设计公司用了大量时间开展访谈，充分了解"和文化"理念实质，感受新集团的精神气质，与企业文化部门充分沟通，才开始着手设计。共设计了 70 套方案，经过半年两轮比选，三个方案供管理层决定。最终，"绿动未来"以其形似 DNA 双螺旋咬合结构的灵动造型、绿色和红色的视觉冲击以及具有两家央企合而为一和合之美的寓意，为自己赢得了生命。

经过八年的实践，"绿动未来"与国家电投集团之间建立了一种内在的天然联系，不需要人为地进行过多地讲解，不需要牵强附会，因为基因就系出一家、浑然天成。

美国著名的工业设计家、设计史学家、设计教育家普罗斯说，人们总以为设计有三维：美学、技术、经济。然而，更重要的是第四维：人性。数字社会的到来，全球范围内的不确定性和同质化，人与自然、人与人、人与自我的矛盾升级，使得人类更加关注自己未来的命运，更加回归人性的本质。今天，企业核心价值观越来越趋近于人类共同价值观，人文成为新的价值要素。LOGO 与价值观水乳交融，也随之舞动，进化出丰富多彩的生命样态。中国中化重组成立后，定制了一朵深蓝与浅蓝交融的牡丹花作为新公司的标识，表达"科学至上"的价值理念。宁高宁[①]说，"化学工业是唯一可以创造新物质的行业。今天，我们创造的新物质必须能与自然和谐相处，且可以降解、回

① 宁高宁，男，山东滨州人。2015年入选"十三五"国家发展规划专家委员会成员。曾任中国中化控股有限责任公司董事长、党组书记，十三届全国政协常委、十三届全国政协提案委员会委员。

归自然，否则化工就搞不下去了。花朵最能代表这种含义和愿景"。数字化浪潮之下，企业 LOGO 升级正在成为潮流，互联网公司也好，传统公司也罢，纷纷改头换面以迎接这个高速变化的时代。2021 年 3 月 30 日，小米发布全新 LOGO，橙色的小米更加圆润。官方宣言说，新标识不只是外形的改变，更是内在精神的升级，是站在更高的维度重新思考科技与人的关系——人是活的，科技也应该是活的。新 LOGO 的设计者原研哉说，科技越是进化，就越接近生命的形态，要为小米品牌视觉融入东方哲学的思考。字节跳动在升级企业价值观之后，以"多元兼容"新价值理念为主题，以字节跳动 LOGO 为原型进行设计，从 100 多个创意方案中选出了 45 件作品，制作了一支短视频。字节跳动的 LOGO——四个长短不一的线段——在这 45 件创意作品中变成了各种各样的组合，恣意跳动着，诉说着，"生而不同，就要敢于不同。不同，是每个人本真的颜色。它是尊重表达，也允许沉默，是千万条道路，各有归途。每一双无可复制的眼睛中，正闪耀着不同的光芒,多元兼容,在字节跳动"。LOGO 的确在变,但这个变化都不是随随便便的。是企业价值观变化的"因",结下了 LOGO 变样的"果"。

一个 LOGO 要想与众不同,要想活得有滋有味,除了意义价值这些宏大的叙事,为它赋予一个故事也是不错的传播方法。成功的 LOGO 背后都有一个好故事,或传奇,或迷人。提起法国品牌路易·威登(Louis Vuitton)的崛起,人们必然会想到泰坦尼克号沉船事件,想起那个沉没海底 20 年打开后竟然滴水未进的 LV 老花皮箱,品牌品质便已无需多言。说起星巴克咖啡,墨绿色的 LOGO 源自古希腊神话传说,双尾海妖塞壬(Sirens)[①] 常用歌声吸引航海者而使航船触礁沉没,然后把船员吃掉。星巴克选择海妖作 LOGO 则是想表达"星巴克咖啡像海妖的歌声一样诱人"。通过为消费者提供视觉、听觉、嗅觉的组合式体验,"绿色海妖"已经成为美国文化的一张脸谱。好故事赋予品牌精神内涵和灵性,

① 海妖塞壬来源于希腊神话,是河神阿刻罗俄斯的女儿,是从他的血液中诞生的美丽妖精。因为与缪斯比赛音乐落败而被缪斯拔去双翅,使之无法飞翔。失去翅膀后的塞壬只好在海岸线附近游弋,有时会变幻为美人鱼,用自己的音乐天赋吸引过往的水手使他们遭遇灭顶之灾。

为消费者和品牌之间建立"情感"切入点，使消费者看到 LOGO 就能受到感染或冲击，全力激发消费者的潜在购买意识，并使消费者愿意"从一而终"；为企业员工和品牌之间建立荣誉感使命感，激励员工为故事得以继续传唱而努力。

LOGO 作为一种图像符号，从视觉进入感知，审美标准是理念契合之外的又一关键。审美的一个最大特点，是没有终极标准。尤其在个人审美意识普遍觉醒的时代里，美更加具有了自由的意味。尽管一千人眼中的哈姆雷特各有不同，但个性之中总是孕育着共性，在对客体存在进行主观认同的感受过程中，审美也是有共性基因的。设计和拍板一个 LOGO，本质是一个从理性到感性的认识过程，审美的标准要遵从感官、听从感觉。一个好的 LOGO，第一标准是要有识别性。如同人群中一眼看见一个人，一下子就记住了，不是同质化的大众脸谱。LOGO 也是一样，一见倾心是为上品。不能有负向思维和破坏性因素，LOGO 的图形、色彩、字体、字号等等，都应相匹互配、相得益彰，成为一个完整的作品。国家核电为"六合之花"量身打造了标识字体，国家电投集团的"绿动未来"也是如此，专属的字体更加突出了企业的个性，LOGO的整体性也更强，更好看。在互联网文化的强势辐射之下，中性、扁平、简洁成为设计的新动向，这也是LOGO 迭代的趋势。第 68 届戛纳电影节开幕式上，"披着东北大棉被"走红毯的张馨予成为媒体的宠儿和大众的焦点，风头一时无两。人们记忆中的"东北大棉被"主要是绿色和红色的撞色搭配，冷色和暖色之间视觉冲击力非常强烈，让人有一种激动感和兴奋感。LOGO一定看黑白稿的应用效果，一些基础性应用广泛采用黑白稿。去掉标识方案的色彩，仔细审看黑白稿的美学效果，这对选择一个中意的企业标识尤为重要。

LOGO 设计出来之后，再往下延伸，企业性格色彩就抽离出来了。比如"绿动未来"的性格色彩是中国红、能量橙、梦想绿、创新蓝。国家电投集团的所有单位，包括海外的企业，在会议、活动中都使用这四种色彩作为主视觉，这对于塑造企业的品牌形象至关重要。企业性格色彩再往下延伸，就有了企业的 VI 系统，有了环境文化的四梁八柱，有了企业美学的基石。没有 LOGO，企业美学这一文化落地的工具体系就无从谈起。

　　将企业文化建设置于中国文化的哲学视野来审视，企业核心价值观和 LOGO 宛如一阴一阳的"两仪"，一个无形，一个有形。二者互为原点，互相赋能。从这两个原点出发，由点到线，由线到面，再由面到体，衍生出企业文化整个宇宙。

第二次生产

把自己作为方法

世界的工具箱

娱乐主义

重构故事

第二原点

第二原点

活的价值观

企业家的时代方位

基岩

进入思想治理时代

文化即生活

在数字社会里

"一分为三"之三（Ⅰ）

总是去抚慰

康德[①]说，人是目的本身，在任何时候任何人（甚至上帝）都不能把人只是当作工具来加以利用。员工是企业的尺度，经营企业就是经营人心，做企业文化就是做人的工作。当物质生活日益富足，人的注意力从生存转移到生活，精神需求越来越占主导地位，做人的工作即思想工作的考验也越来越大。

> ① 伊曼努尔·康德（德文：Immanuel Kant，1724—1804），出生和逝世于德国柯尼斯堡，拉脱维亚裔德国哲学家、作家，德国古典哲学创始人，其学说深深影响近代西方哲学，并开启了德国古典哲学和康德主义等诸多流派。康德是启蒙运动时期最后一位主要哲学家。

技术、信息、速度与资本多维驱动，汹涌浪潮裹挟着人们不停旋转，我们几乎要以一己之力直面整个世界。知识与情感的边界动态重塑，对抗与妥协无处不在，高速变化的时代与个人意义的危机并存，精神上的修行与价值上的确定成为现代人的第一需求。时代变了，人变了，企业与员工从"肉体规训"走向精神牵引，构建一种智识上的亲密感，成为思想治理的应有之义。

数字技术覆盖衣食住行用各个领域，个体从中找到属于自己的天空和大地，足不出户也能满足需求，一部手机行走天下。数字技术深度嵌入全部生活场景，工作和社交活动几乎都以数字化方式进行。新冠肺炎疫情以来尤为凸显，超市、饭店、公园、医院、银行等所有公共场所，扫码、戴口罩才能进入，一夜间所有人都被拉进数字的宇宙。没有选择权，没有拒绝权，也没有不被数字打扰的权利。每一次点击、每一次搜索被完整地记录，生命也被数字化和网络化了，甚至我们的身体、体温、卡路里摄入、卡路里消耗、运动情况、脂肪含量等等，都可以被测量、存储、迁移、转化，"通过数字认识自己"成为量化自我的座右铭。大数据精准推送各类信息，我们兴高采烈地欢呼它的聪明，给我们带来"量体裁衣"的舒适和快感，也渐渐生出隐私焦虑和"算法"抗拒。

突破传统信息载体的局限，可以在互联网里自由搜索、阅读和下载，每个个体在那个无边无际的疆域自由自在地驰骋和索取，我们找到无拘无束、探囊取物般的自由感和获得感，渐渐被投喂成一个个"茧"，困守在信息孤岛之上，加剧了原有的壁垒和立场。同质化暴力，摧毁了人与人之间的关系互动。"我"无须他者的"肯定"或"否定"，"我"就是全部。韩炳哲直接指出，"我们生活在一个越来越自恋的社会。力比多首先被投注到了自我的主体世界中"①。社交媒体凭借平滑的审美、迷人的利润，诱惑人们花样百出地自我展示、自我诉说、自我炫耀，自恋在大众文化中成为趋势。古老而悠久的"爱"受到严重挑战。纯粹意义上的爱，是勇于否定自我，将目光投递到他者身上。"爱欲的对象实际上是他者，是个体在'自我'的王国里无法征服的疆土"②。今时今日，以自我价值实现为名，人们日益深陷"我"的沼泽，目光不断向内，难以投射到他者身上。新一代企业员工以 80 后、90 后为主体，00 后也开始加入，他们受到良好的高等教育，许多人都有留学经历，学识、眼界大大超过前辈，地球

① 韩炳哲.爱欲之死[M].北京：中信出版集团，2019：13.

② 韩炳哲.爱欲之死[M].北京：中信出版集团，2019：12.

在他们眼里就是一个大村庄。经济的独立，视野的开阔，选择权的增加，互联网媒介的引导，他们追求高质量的生活，关注个人成就和精神上的满足和自立。一项年轻人离职原因调查显示，除薪酬分配等基础因素，发展空间有限、对企业管理制度和文化不适应、工作氛围不和谐等价值观念的因素占比越来越重。社会分工越来越精细，企业员工从事的工作也一定越来越专业化，专注于在各自的业务领域里深耕细作，对事物整体没有清晰的认识和把握，会更加内观于局部，加剧员工的自我"内卷"。

万事万物被数字化，生产力定义被解构和重塑。生产力变革，带动社会结构、文化土壤等生产关系的同步巨变。给保洁工人佩戴"加油鼓劲手表"，一旦停留时间超二十分钟，会自动发出"加油"的声音。花样翻新的技术，把最后的闲暇时间挤出来，把人性榨干，为大数据漂亮的曲线服务。一个县城中学外墙上，"今天走进三中，明天走向世界"的大标语赫然在目。不难想象，孩子们要承受多大的压力，一个个花朵异化成一部部做题机器。勤劳奋斗本是中华民族传统美德，但今天活着与劳动是一枚勋章的正反面。更为深层的原因是，个人主体意识觉醒后，为追求自由自己主动"剥削"自己，自己成为自己的仆人。这种自由看似是自主的、主动的、发自内心的，实则每个人如同漂泊在波涛汹涌大海之上的一叶扁舟，随波逐流，飘向何方自己也茫然不知。我漂流故我在。"我们生活在一个特殊的历史时期，自由本身在这一时期即带有强迫性"①。这种自由的反面，或处于强迫反面的自由，本身也产生了强迫。韩炳哲将数字社会的

① 韩炳哲.精神政治学[M].北京：中信出版集团，2019：2.

本质描述为功绩社会，重要特征是主体主动自我规训，由否定性转变为肯定性，而且是发自内心的。

从中国社会发展进程看，至少在 21 世纪上半叶，将处于农业社会、工业社会、信息社会和数字社会四种社会形态并存的独特样貌。后两者社会形态，尤其数字社会越来越呈现出功绩社会的基本特征，即肯定性过量的特征。前两者农业社会、工业社会，尤其是工业社会的规训特征仍然存在。但由于人的变化，社

会主体由被动的规训或否定性，转变为主动的规训或肯定性。自我优化和征服合而为一，自由和剥削合而为一，这成了自我剥削的重要内涵。"新自由主义精神政治学具有确证性。它不受被否定的威胁，而是借助积极的刺激来运行。它不用'苦药'，而是通过'点赞'（Like）去达到目的。它向灵魂示好，而不是对它进行打击震撼，使其瘫痪。它诱导灵魂，走在灵魂之前，而不是处处与其针锋相对。它认真地记录灵魂的愿望、需求和期许，而不是将这些统统抹杀。它会对人的行为进行预判，疾走先得，而不是一味使人的行为落空。新自由主义精神政治是智能的政治，它不去压迫而是去努力讨好、成全"①。这就是今天社会现象的背后逻辑，看似温情脉脉，实则每个人都主动自我剥削压榨。一切活动仿佛都降格为没有空隙和休闲的劳作。

① 韩炳哲.精神政治学[M].北京：中信出版集团，2019：47.

员工日复一日在任务、信息和程序之间切换，被赋予过度的积极性，被赋予自我，直到扩张到近乎分裂瓦解的程度。被异化的人一边发出无意义的呐喊，一边却又希望被新的刺激所拯救。在外部世界剧烈变化与内心世界进退取舍的困境之中，抑郁症和工作倦怠（Burnout）共同造成了无法挽救的"能力"危机——一种精神层面上的"无力支付"行为①。无聊成为每一个现代人的情绪病症。"像抑郁或者过劳症这样的精神疾病与这个新的时代如影随形"②。它所表达的正是这种自由的深度危机。置身大变迁背景下的企业员工，无可避免地遭遇这一切。国家卫健委宣教中心对30座城市50家全国500强企业中青年员工健康调查：78.9%的员工有过烦躁情绪，59.4%的人感受到焦虑，38.6%的人觉得抑郁。人们试着逃离，试着反抗，一个旅程接着一个旅程地奔走，一个景点接着一个景点地更换，"每个人都永远在以这种方式逃离自己"③。微博组织的"你如何看待躺平"的投票活动，24.1万人参与，选择"我累了，坚决躺平"的达10.3万人，有1.5万人表示"冲！绝不能躺"，其他12.1万人不同程度地表达想躺的愿望。围绕"躺

① 韩炳哲.爱欲之死[M].北京：中信出版集团，2019: 26.

② 韩炳哲.精神政治学[M].北京：中信出版集团，2019: 40.

③ 塞涅卡.哲学的治疗：塞涅卡伦理文选之二[M].北京：中国社会科学出版社，2018: 40.

平主义即正义""躺平大师即人生赢家"等观点，线上线下掀起一场激烈的价值交锋。当代社会竞争环境没有退出机制，价值体系的单一，事业成功、幸福人生等奋斗目标越来越难以走心。传统激励手段日渐打折失效，年轻人越来越难以"忽悠"了。

深刻改变员工价值观念的，还有城镇化。20世纪80年代，中国经济开始飞速发展，数以亿计的人从农村涌入城市。城镇化加快了中国农村现代化的进程，农耕社会、乡土中国逐渐转变为工业社会、城市中国，孕育了北上广深等超级城市，重塑世界城市体系。城镇化浪潮中，传统村落不断消失，农耕文明快速萎缩，中国绵延千年的乡土生活正在消解。我们与故乡山川之间在分离，在撕裂。回不去的不只是从前，更是曾经安身立命的生活方式和处世哲学。"不知不觉把他乡当作了故乡，故乡却已成他乡，偶尔你才敢回望"，一首《异乡人》唱出多少人的现代乡愁和身份迷茫。乡土社会是典型的熟人社会，宗法制度、道德伦理等文化秩序稳定性极强。一脚迈进城镇，便进入一个流动的变化不定的环境中，越来越多地与陌生人打交道。城市成了一个陌生人社会、流动社会。走到大街上，"我"就成了波德莱尔①的都市经验主题意象——"人群中的人"。没有人熟悉我，所有人都是陌生的，包括我自己，那一瞬间个人的身份也消失了，"感到了某种陶醉"。社会学家奥尔格·西美尔谈到都市复杂空间与神经官能症之间关系时说，乡村生活由于缓慢、有机，所以支持智慧；而都市生活过于流动、易逝，所以支持理性，过度的理性使都市人无法将自己的生命调动起来，生活总是在别处，总是在格式化地忙碌，总是处在焦虑、紧张和不安中，由此造成人与人之间一种天然般的冷漠和隔阂。乔治·西格尔②20世纪80年代创作的雕塑《公共汽车乘客》（Bus Riders），就生动展现了当今社会人与人之间冷漠的状况。西美尔将现代社会的这一基本特征概括为：人际关系的冷漠、麻木不仁、缺乏同情心、焦虑、厌烦以及广场恐惧症等。流动社会是一个每个

① 夏尔·皮埃尔·波德莱尔（Charles Pierre Baudelaire, 1821—1867），法国19世纪著名的现代派诗人，象征派诗歌先驱，代表作《恶之花》等。

② 乔治·西格尔（George Segal, 1924—2000），美国雕塑家，代表作《坐在桌子旁的人》《时代广场之夜》等。

个体都要独自承担各种风险和不确定性的社会。企业员工生活工作在社会变迁之下，远离家人伙伴，承受陌生而快节奏的城市生活带来的心理压力。与此同时，计划经济已一去不复返，子女上学就业、家人生病就医、改善居住环境等基本需求都变得不确定。在 20 世纪下半叶，家庭、组织和社会的边界十分清晰，儒家文化的集体主义占据主导，员工对企业的依赖性非常高。那时铁路员工开玩笑说，铁道部（中国铁路总公司的前身）除火葬场外，从幼儿园、中小学到大学，从后勤服务保障、工青妇到公检法，社会职能一应俱全。铁路犹如一台庞大的联动机器，员工成了铁路这个"大联动机"上的一颗螺钉。人成了企业的附属，这是大工业时代的产物。此时，企业内部上下级分明，固定的岗薪和来自企业的服务、物质资源，让组织文化十分清晰，人与人之间总体上保持一种稳定、直接、纯粹的关系，有一种超级稳定的心理和情感纽带。虽然每个企业表现不同，但整个社会的确有那样的土壤，那样的价值导向——企业就是我的家。经过四十年的剧烈变革和时代变迁，能够提供资源禀赋的企业已经与过去不可同日而语，企业社会职能被彻底剥离，完全社会化、市场化，关爱员工的硬件条件发生根本性的变化。

印第安人有一句被广为流传的话：我们走得太快了，有时需要停下来，等一等我们的灵魂。人寄居于外部环境之中，眼耳鼻舌身在感知变化适应变化，"意"也是。所不同的是，人的心性是一个久久为功的过程，无法一蹴而就，适应性远远比不过身体。当现代人大踏步地被数字化、被异化、被城镇化，人的眼耳鼻舌身与意之间出现了一个巨大的断裂。裂缝越大，弥合需求就越强，回望内心世界的动力就越足。加上物质生活的富足，人们更加专注于精神活动，更加执着于对生命意义的追寻。此时此刻，企业思想治理的价值土壤已经就位。

对于人而言，无论科学技术如何发展，外部世界如何腾挪，衣食住行等基本需求没有变，对美好生活的向往没有变，人性的基本面没有变。对人的工作而言，回到最基本的人性上思考，更能以变应变，抓住问题的核心。二十世纪八九十年代，谈起做人的思想工作，最常讲的是"尊重人、理解人、关心人"[①]这几句话。尊重、理解、关心，在人们积极追求自由而全面发展的今天，拥有了不一样的意义。平视、真诚、倾听，比任何时候都更加捍卫个体的独一无二。重塑关爱，重遇他者，以心换心，以情换情，比任何时候都更加回归人性的光辉。

　　"今天，情绪的作用在当下受到追捧，还尤其受到新型非物质生产方式的影响，在这种生产方式下，互动交流的意义愈加凸显。受青睐的不仅是认知能力，还有情绪引导能力"[②]。在企业内部，情绪已经成为影响生产力和生产关系的重要变量，情绪管理变得越来越重要。自上而下、一贯到底的"大水漫灌"式宣讲已不合时宜，面对面、一对一，方显一种尊重，一种真诚。国家电投集团在实施员工绩效考核激励过程中，同步实施员工绩效面谈。上一级管理者至少每季度与员工

① 李瑞环.学哲学　用哲学[M].北京：中国人民大学出版社，2005：163.

② 韩炳哲.精神政治学[M].北京：中信出版集团，2019：63.

谈心谈话一次，与员工有效充分沟通。讲清员工的工作目标、绩效优势，帮助分析完成目标的边界条件，明确员工需要给予的条件支持，对岗位工作的意见建议，思想上的顾虑和期望，家庭生活、职业规划、培训提升等方面的现实需求。过程中，始终鼓励员工表达，主动听员工说话，铲除思想情绪的堆积，让员工远离"受委屈"的情绪沼泽。建立个人和组织、目标与绩效之间有效互动、沟通机制，以此增进相互了解、支持、互信，组织帮助实现员工个人的价值。

美国心理学家威廉·詹姆斯研究发现，人类本性中最深刻的渴求就是受到真诚的赞美。对此，马克·吐温表示，可以为一个愉悦的赞美而多活两个月。按照麦克利兰[①]三大动机理论，无论是成就动机、权力动机还是亲和动机，人们都希望有一种存在感，希望自身的价值得到社会的认可。可以说，能够得到称赞以及称赞的程度，是衡量一个人社会价值的度量。在"肯定性"暴力的今天，"点赞"已成为顺畅社交的通行证，含蓄

> ① 戴维·麦克利兰（David·McClelland，1917—1998），美国社会心理学家，1987年获得美国心理学会杰出科学贡献奖，以三种动机理论而著称。

内敛的中国人被时代赋予了经常性赞美的意识和能力。从经济学角度看，赞美是一种产出远大于投入的投资。一句赞美，除了一颗真诚的心，甚至不需要任何额外的投入，就能得到超出想象的回报。对企业而言，赞美是最受员工欢迎的激励之一。工作做得好，马上公开表扬、及时激励，物质的、精神的，或单独，或组合。当薪酬奖金等物质激励在调动员工积极性方面不再屡试不爽的时候，赞美可以辅助解决这个问题。日常性给予认可和鼓励，能最大化地将自信植入员工内心深处，激发员工的需求动机，真正把工作当做组织与个人共同成长的实践活动，在工作中磨炼心性、健全人格、创造价值。

物质是人的第一需要，生存是人的基本立场。员工在企业工作，首要的目的是养家糊口。故每个人首先解决的是生存需要，继而是对美好生活的需要和价值追求。当员工处在父母生病、小孩升学的时间段，思想工作讲得再好，也难以落到员工的心坎上。陈云说："对干部一切不安心的问题，都要很耐心很彻底地去解决，只有解决好他们的事，才能使他们解除后顾之忧，安心工作。"在万众创业的热潮里，抢夺高端人才、留住骨干员工、培养核心队伍，除高薪第一板斧外，员工关怀政策也是重要一环。尤其今天的工作和生活边界日渐模糊，着眼于长远的企业无论大小，都在竭尽所能地给予员工足够的尊严、保障与关爱，如实施带薪休假、定期体检制度，设立医务室、洗衣店、健身房、书苑、食堂，为员工创造更为便利优质的生活。阿里巴巴实施各类关怀计划，ibaby 是解决外地来杭员工的子女上学问题，ihome 是为员工提供一定的无息贷款用于购房首付。国家电投集团搭建"SPIC—家园"直通员工微信群，运用"管家—家园—社区"三级信息传递，直接联系 8 万名职工，及时倾听基层群众的建议和诉求，及时解决边远场站净水系统、通勤班车等一些生活"小事"。思想工作的生活化经常化，绝不意味着简单地解决生活问题，根本是立足于真实的生活场景，使员工在感受生活更加美好的同时，精神世界一并收获美好，继而有"恒心"。待遇留人、情感留人，最终要靠事业留人。企业发展得好，为员工提供体面的工作环境和畅通的职业通道，使员工不仅能收获更高的职位和薪酬，更能赢得社会地位和尊重，自愿与企业结成命运共同体。

审美的影响力在数字社会被迅速放大，人对生活的美的需求和体验，倒逼空间生产逻辑发生变化。中国城市规划设计研究院原院长李晓江指出，中国城镇化已经进入了"下半场"，逻辑已经从"产业—人—城镇"，即产业发展吸引大批人口涌入，人的集聚推动城市繁荣，变成了"城镇—人—产业"，即优质的城镇生活和公共服务吸引人口流入，进而促进产业发展。也就是说，过去人们优先选择在哪里工作，现在优先选择在哪个城市生活，然后再在这个城市里就业。城市的文明程度、文化氛围成为选择的重要尺度，人文城市建设成为生产力的重要组成。作为人文城市的一隅，企业人文空间已经悄然兴起并成为一种新趋势。正式的工作空间与非正式的生活空间融为一体，对抗格子间的隔阂与紧张，让心灵舒展起来。《三联生活周刊》

将办公室设计为媒体人可以随心所欲地使用空间：独立办公桌解决日常工作；茶水间提供闲聊的惬意或是独享片刻宁谧；红色凹龛讨论区或者小讨论间是小组头脑风暴的空间；每层的公共客厅可以与家人朋友简单会面。办公环境不再压抑紧张，工作与休闲不再是对立面。《三联生活周刊》在微博上写到："我们相信在物质生活之外，同样存在一种文艺的生活，她温和优雅、理性纯粹、漂亮迷人，她是对审美的斤斤计较，是对高尚生活的审慎追求。"在工作生活的巨大张力之下，经过人文设计的空间或许可以为员工的心灵略微松绑，带来一种疏通、一种宽慰、一种重构，让员工的思想和精神在舒展的环境里变得更加健康和敏锐，迸发出更多的创造性。

"为了创造更大的生产力，情绪资本主义还学会了游戏，其实就是另一种工作形式（das Andere der Arbeit）"①。也就是说，工作首先是玩儿，是游戏状态。以游戏的视角去工作，人的注意力最投入，本能释放最充足，能量最大。"孩子

① 韩炳哲.精神政治学[M].北京：中信出版集团，2019：67.

游戏的时间，被人们看作因无知而浪费了的时间，事实上是纯粹创造的时间，实践和冒险的时间"①。这种时间，亨利·柏格森称之为"创造性时间"（temps invention）。"学习强国"APP 将挑战答题、四人对战、双人对战等闯关、对抗、积分排位等游戏模式引入，吸引人们每天去打卡学习。今天，无论在研究领域还是实践领域，工作游戏化都被广泛看好。人们期待把游戏里让人上瘾的元素充分移植到工作链条，让一些枯燥的任务、日复一日的工作变得有意思。在完完全全为一件感兴趣的事情而投入努力时，人会进入"忘我"的状态。在无边无际的天地里，人的天性禀赋和才智处于自由挥洒、自我创造的境地。"创造性时间"是生命具体时间：它是名副其实的时间，要有能力体验这种时间，才能真正认识生命。在游戏时间里，本质上是一种效率和娱乐的平衡，这种平衡在专注于重复完成一项工作时是缺席的。工作只能在自身的多样性中，在没有使时间变得循环往复和繁重的情况下才具备游戏性。个人彻底自由之时，

① 马尔科姆·阿迈尔.时间[M].北京：新星出版社，2018：73.

也是他全部能量和潜能得到释放最充分之时，每一个动作、想法如行云流水般发生、发展。

面对乡愁、焦虑、倦怠、迷茫等时代情绪，人们需要得到有效的慰藉。艺术提供了观察自己、观察世界的独特视角，帮助人们增加认知和感知的完整性。艺术不仅让人们获得审美体验，还记录和表达着情感，当人们陷入无法言说的情绪困境时，用艺术创作与自己对话，欣赏艺术作品与他者对话，是自我治愈、自我和解的过程。不同于即时性娱乐的纾压解困，艺术拓宽思域的边界，引导人的目光从外向内，关照内心。音乐给灵魂源源不断地输送营养，让其变得轻盈、自信、强大。绘画可以让人进入沉思状态，从自身出离，将自己沉浸于事物之中，体验生命最本真的状态。梅洛·庞蒂[①] 把塞尚[②] 对风景

① 梅洛·庞蒂（Maurice Merleau-Ponty）（1908—1961），法国著名哲学家，存在主义的代表人物，知觉现象学的创始人。曾在巴黎高等师范学院求学，后来主持法兰西学院的哲学教席，与萨特一起主编过《现代》杂志。主要著作有《行为的结构》《知觉现象学》《意义与无意义》《眼与心》《看得见的和看不见的》等等，他被称为"法国最伟大的现象学家"。

② 保罗·塞尚（Paul Cézanne，1839—1906），法国后印象主义画派画家。被誉为"现代艺术之父"。他认为形状和色彩是不可分离的。用几何的笔触在平面上涂色，逐渐形成画的表面。他主张不要用线条、明暗来表现物体，而是用色彩对比。他采用色的团块表现物象的立体和深度，利用色彩的冷暖变化造型，用几何元素构造形象。19世纪末，保罗·塞尚被推崇为"新艺术旗手"，作为现代艺术的先驱，西方现代画家称他为"现代绘画之父"。

的深沉关注形容为一种"去物化"或"去内化"过程："首先，他试图清晰地勾勒出地表的形态。然后他纹丝不动地固定在一个位置，观看（风景）一直到眼睛快从脑袋里蹦出来，如同塞尚夫人所言……他曾说，风景在我体内思考，我是它的意识。"文学、建筑、雕塑、舞蹈、戏剧、书法、摄影等所有艺术形式，都可以应用于日常生活。国家电投集团设立"陽·美术馆"，举办员工原创音乐会、文学作品征集、书画展、摄影展等各类艺术活动，牵引员工感受美、发现美、创造美，建立对当下、对未来的从容心态。

　　每一个人都是活生生的生命。人的思想也是活生生的，是有细节有温度的。真正的关心关爱永远是对具体人的爱，对具体人的关心。关心关爱不是抽象的概念，不是口号，而是关心一个具体的员工，关心一个具体的人；不是爱"人类"，而是爱"人"。活生生的人在想什么，在关心什么，毫无疑问就是思想工作的发力点和落脚点。把这些问题细化、具体化，直至走到人的内心深处，然后一步一步往下做，一直做，努力去做。就是一定要去做，不做什么也没有。思想工作的重点是挖掘希望、挖掘能量，让员工意识到自己的力量，意识到力量在于他自己那里，这个过程是社会启动，是企业变革的过程。力量、智慧，一定在群众那里。思想工作为员工的职责和他们自己赋予了一种高贵的尊严，同时也使得人性得到安顿和提升，人在企业里得到身体、情感和灵魂的再生。如此去做思想工作，一定会有滴水穿石的功效，会迸发出大江大河般的力量。前提是一定要找到员工需求的变化，找准员工需求的"痛点"，哪怕仅仅是一个小小的"切口"，但一定是员工内心渴望的需要，之后步步紧逼把它做实。

大数据是十分有效的时代工具。它不同于工业社会的统计学，既可以全面的获知生产经营、客户服务、员工劳动和社会交往的一切动态，更可以介入人的精神。"人口统计无法对精神活动进行推断。在这一点上，统计学和大数据是截然不同的。大数据不仅能刻画出个人的，也能刻画出群体的心理图析，也就可能对潜意识进行心理刻画，因此可以照亮心灵深处，从而实现对潜意识的利用"①。黄智生教授发起的"树洞行动"，就是利用人工智能技术在网络媒体中监控扫描高风险自杀人群并发布通报，随后组织树洞救援团根据监控通报采取自杀救助行动。截至 2019 年 3 月，树洞救援团对超过 760 人次进行了网络自杀救助，其中超过 320 人次获得了有效救助，暂时缓解了他们的自杀倾向。企业用好大数据，把握员工队伍的思想脉搏，了解他们的现实诉求，评估精神状况和价值取向，更好进行企业思想治理。国家电网建立员工队伍积极心态分析和展示系统，利用大数据、人工智能和互联网技术，持续实时分析并可视化呈现员工队伍心态指数、变化趋势和具体的心态状况，使人文关怀、心理疏导和思想工作变得有律可循、有的放矢。曾经，我们认为"人心难测"。而今，大数据全面进入了人的精神世界，"人心"借助数字力量得以"可测"，思想工作的领域也随之极大拓展，有效覆盖。

① 韩炳哲.精神政治学[M].北京：中信出版集团, 2019: 30.

科技再发展也代替不了人性，思想治理终究还是要回到人身上，回到心的层面。如何安定员工的心，是企业最终极的关切。当管理层认识到这一问题的重要性时，反复强调重申这一观点，将其具体化、行为化和制度化，尊重、理解、关心就成为一种习惯。100年前，特鲁多医生首次提炼出人类结核杆菌，他的墓碑上写下三行字：有时，去治愈；常常，去帮助；总是，去抚慰。这是特鲁多医生的人生信条，今天读来，更像写给100年后的我们。

在数字社会里

文化即生活

进入思想治理时代

基岩

企业家的时代方位

活的价值观

第二原点

总是去抚慰

重构故事

娱乐主义

世界的工具箱

把自己作为方法

第二次生产

"一分为三"之三（Ⅱ）

重构故事

数字社会一个重要表征，是个体越来越难以专注，越来越难以实质性地投入到他者身上。其根源在于，数字技术以惊人的速度大规模复制人的表层经验，感情的量取代感情的质。人们通过低廉的代价，轻易获得感性的愉悦并沉迷其中，不愿意或无法安静下来体悟厚重的理性。看似在接受各种不同的事物，其实是在接受数字技术的喂养，内里是自我主动喂养，个人经验高度重叠、彼此相似，接受单一的同质化的内容。生活方式过度的积极性，表现为过度的刺激、信息和资讯，人的感知被散射和碎片化，注意力集中的时间越来越短暂。现实生活中，我们很难拿出半天或更长的时间，聚精会神地思考一个问题，或倾听、品读、咀嚼一个故事①，无法做一次完整

① 叙述（narration）、故事（story）与叙事（narrative）这三个概念经常同时出现，相互联系又有差别。叙述是一种广义的修辞模式（rhetorical modes）。叙事是叙述方式（mode of narra-tion）所达成的一种产物，这一产物是对发生之事的重述（words of retelling）。故事即是这些发生之事，由一系列的事件（events）构成，叙事与故事差别不大，基本可以等同（萧阿勤，2013；Smith,1980）。

的叙事旅行，故事之殇在数字社会里弥漫。

文化成就源于深度的注意力。沉思和深度的专注，让你抓住漂浮不定的事物，在生命的河流中找到记忆的锚地。如今，深度注意力已经被"超注意力"[①]替代。韩炳哲认为，"超注意力"让人们缺乏专注，逐渐丧失了"倾听的能力"，也便不存在"倾听的群体"。"倾听的群体"同当下这个过度积极的社会直接对立。"倾听的能力"以沉思的专注力为基础，而过度积极的主体无法抵达这一领域[②]。在数字社会中，面对时间、空间、供求、读写、学习、选择等时序的变化，故事的主体和客体在思维、认知和观念上都发生重大改变，主动沉浸在自己的天地，埋头于自己的事情，自我成就占据最高优先级，不愿敞开心扉与他人交流，也不轻易倾听他人的意见，对他者变得淡漠、隔膜，甚至是拒绝。数字社会的自我固守，变得不大会讲述故事，或者沿着居高临下甚至道德制高点的惯性，用"演讲腔""播音腔""艺术腔"讲述故事。从

① 超注意力，与深度注意力相对应，是一种涣散但多进程的注意力，体现为不断在多个任务、信息来源和工作程序之间转换焦点。

② 韩炳哲.倦怠社会[M].北京：中信出版集团，2019: 23-24.

客体角度看，员工价值选择越来越多元，数字社会的时间观，牵引人们追求短、平、快，追求可视化和鲜活、刺激、强度大的形式和内容。当故事以充分理由获得注意力时，注意力已被各种各样的信息占据，时间被瓜分，我们无法停留和思考，看影视剧是"刷"的态度，1.25、1.5 甚至 2 倍速观看被设定为一种模式 [①]。

　　数字社会改变了人们对故事的态度。故事俨然变成闲暇时光的娱乐工具，甚至是打发时间的消遣，其传承历史、传承价值、传承经验和方法等诸多功能逐渐退化。现在人们只想用最少的时间，最少的精力，去了解更多的内容，对第一时间无法吸引注意力的故事，往往是瞬间一笔带过。数字社会时间变得珍贵，时间等于注意力。"注意力经济"即注意力的买卖，市场最大限度地攫取客户的注意力，让你在他们的地盘停留最长时间。据说我们这一代人注意力只有 9 秒，比金鱼多 1 秒。从第 10 秒开始，大脑就开始走神，迫切需要新的刺激、信号或者重新唤回关注。追求短、平、快，追求粗枝大

① 《华尔街日报》报道称，已有APP支持5倍速播放播客。国内播客APP倍速大多从0.5倍到3倍。

叶，追求结果和绩效，成为数字社会人们对故事的基本诉求。

美国哲学博士、民俗学家卡伦·迪茨（Karen Dietz）说，"在部落时代，讲故事对于记录与传承历史起着关键作用，那是继承传统文化遗产的核心与灵魂"[①]。小马过河的故事，教会我们不能随便听别人说，而应亲自去尝试；狼来了的故事，告诉我们不能说谎……故事让人无需去经历那些惨痛的教训，就能领悟常识和真理。故事是人类经验和价值观的代言人，讲故事就是讲传统、文化和价值观，我们每个人都有自己刻骨铭心经验和经历。一个故事无论长短，核心是把其中蕴含的价值观讲清楚，这是好莱坞大片的一个共性。1984 年一台冰箱700 元左右，一名普通工人月工资是二十元左右，76台冰箱相当于 3000 名普通工人的月工资总额，当张瑞敏一锤子砸下去，最吸引你的是 3000 名普通工人的月工资没了，故事折射出的是海尔"质量至上"的价值理念。面对中美贸易战，任正非不温不火、不急不躁，

① 魏宁馨.讲故事是企业最具有凝聚力的工具[J].军工文化, 2015: 10.

不带任何感情色彩、平铺直叙地讲述华为故事，即呈现一个基本的客观故事。他说，"5G标准是全人类共同努力奋斗的结果，更是全世界数十家公司、数万科学家和工程师、十数年努力推动的。华为只是其中比较努力的一个。后面的路还很长，也不知我们跟得上跟不上。只有承认先进，知道别人的强大，才知道尊重别人的创造"。"我们永远不会走向对立的。我们跟英特尔、博通、苹果、三星、微软、谷歌、高通，会永远是朋友。"故事是求同的艺术，共同寻找人类的质地和价值，探寻到了，大家就会倍感安慰。

故事是非常强势的，它是整个人类文明的底层逻辑。生活变了，观念也就变了，重构故事成为必然。《纽约客》的一篇文章《播客如何变成诱人的——有时候是狡猾的——讲故事的方法》中，作者瑞贝卡·米德将播客再度流行总结为，"古老口述文化与最新科技的结合"。她认为，人类天生是爱讲故事的动物，人们在故事中寻找道德和情感的指引，而人类的声音中自带一种古老的催眠特质，比其他任何媒介更有诱惑力和说服力①。让人从快节奏、碎片化的时间里逃脱出来，把故事重新架构、组合、包装，化零为整，与碎片化为伍，与快节奏同行，进而感受故事的真实存在和独特力量。短视频几分钟内容，声光电交织，大至沧海巨变，小到生命一粟，快速调动人的大脑，影响人的情绪。"抖音""火山""一条""二更""梨视频"等视频平台，在各种垂直领域深耕细作，一个视频带来千万粉丝已不新鲜。2020年上半年，因疫情全民居家，短视频平台8.18亿用户联手贡献3124万年的观看时长，平均每人每天有110分钟流连其中。亚马逊旗下的游戏直播平台Twitch②，每天有1750万人次收看各类游戏直播。在电子娱乐花样翻新的投喂中，很少有人愿意静下心来去读一篇长篇小说或者看几个小时的纪录片。然而，承载厚重价值的内容不应被忽视和遗忘，记录、理解人与时代，联结过去与未来，故事依然能够突破被碎片化内容覆盖的表象，直指真相和意义。第三届"国家电投

① 陈赛．播客再度流行——"加速社会"的解药？[J].三联生活周刊, 2021: 44.

② Twitch是一个面向视频游戏的实时流媒体视频平台，2011年6月由Justin Kan和Emmett Shear在旧金山联合创立，是Justin.tv旗下专注于游戏相关内容的独立运营站点。

好故事"品读会，疫情期间从现场搬到"云上"，精心打造的 11 个故事，每一个 7 分钟，本皮本色地还原生活中的角色，一个又一个完整叙事，感受生活、生命的力量，同时也感受企业价值观念的力量。中国移动用 5G 网络的加持，将地方特色、企业故事转化为一个个生动的视频彩铃，既看到高清视频又感到有趣好玩。视频彩铃以"短、平、快"，打造出"点对点"传播，成为最佳"可视化名片"。对用户而言，从"听的彩铃"升级为"看的彩铃"，将电话的等待期变身为个性"玩家展示"。

韩炳哲说，叙事是有选择性的，叙事的轨道很狭窄，只能容纳一些特定的事件。它正是通过这种方式，阻止肯定事物的滋长和大众化。当今社会肯定性泛滥，正逐渐丧失叙事性，我们进入普遍的去叙事化进程。直接的表现是，它揭去了人类生活的遮蔽，呈现出赤裸的状态，让人增强了飘忽即逝之感。数字时代消解了权威，已经没有人再愿意听说教。这种情景下讲述故事，唯有返璞归真，去找寻故事的初心，真诚、平

视、纯粹、完整，用原始、粗粝的东西去说话，说真
话，说大众听得懂的话。2021 年 10 月，默克尔[①]用
1 分钟讲话结束自己政治生涯，不提成绩，
也不提希望，只表达感恩。1 分钟讲话，
10 次鼓掌，此时"铁娘子"变成了一个
普通公民、一位母亲、一个妻子，回归
最原初的状态。电影《你好，李焕英》，
凭借口碑完成全面逆袭，"贾玲成全球票
房最高女导演"登上热搜。口碑叫好、
票房叫座，在于电影故事表达的母女间
简单、纯粹、诚挚的情感，拨动了每一
个人的内心，从故事中看到自己的影子。
每一个人都觉得这个故事真实发生过，
就在自己的身边，感同身受，形成共鸣。
个人的故事成为集体的故事——"它指
出那些大家没有意识到的共同经历，道
出个人困扰背后的共同点"。《十三邀》[②]
许知远对话"五条人"[③]，是理性主义的

① 安格拉·多罗特娅·默克尔（Angela Dorothea Merkel, 1954—），德国女政治家，曾任德国总理，德国基督教民主联盟主席，2021年卸任总理职务。2019年1月，默克尔入选"全球十大思想者"，在德国政坛素有"铁娘子"之称。

② 腾讯的创新准直播访谈节目《十三邀》，一改传统新闻访谈节目客观中立的态度，以许知远偏见的视角，带领观众在与13位"社会切片"的对话中，观察和理解这个世界。

③ 五条人乐队，来自广东省汕尾市海丰县，中国内地民谣乐队，成立于2008年，由主唱兼吉他茂涛，主唱兼主音吉他、手风琴仁科组成。发表过五张录音室专辑：《县城记》(2009)、《一些风景》(2012)、《广东姑娘》(2015)、《梦幻丽莎发廊》(2016)、《故事会》(2018)。

精英分子与烟火味十足的素人力量的对话，是叙事风格的对话，是文化的对话。很多人喜欢"五条人"，是从他们写的词开始。他们把生活中的小故事、真感受，把社会底层的声音和情感通过音乐讲出来，有故事性，有音乐性，地方口音，不标准的普通话，看似不那么高级，但因为真实反而尤为珍贵和难得。许知远把"五条人"的胜利，归为庶民文化的胜利。在这样一个泛娱乐化、功利主义、精英主义相互交织和碰撞的时代，"五条人"的小城气质和乡土气息，展示出一种土味且真实的力量。所以仁科说，"我们宁愿土到掉渣，也不俗不可耐"。"国家电投好故事"品读会，故事主人公亲临到场，就像和家人朋友聊天一样，讲真情实感，切身体会。人的内心深处，从未曾放弃对真诚、平视、纯粹、完整的炽热向往。

智能手机带给人们更多自由，也带来了一种日趋严重的强迫，即"交流的强迫"。越来越多的活动通过智能手机进行，生存在界面的摆动之中，一旦回应，意味着要放下界面当下的活动，打碎原本就短小的时间。被迫对外界的声音只能以"速战速决"模式来应对，这是数字社会自动生成的社交加速键。社会加速运行，每个人都成为整个社会场域中快速移动的节点。受众在观看短视频中无意识地趋向于"刷"，手指一直在屏幕上不停地摆动。马不停蹄地蹭热点、编段子、制造爆款，内容生产者也在与时间赛跑，只为满足受众需求。幕后平台一起加班加点，为更好的用户黏性去编码更精确的算法。我们已成为社会工厂的齿轮，一环慢了下来就会拖垮整个链条和体系，至少我们是这样认为的，因此每一个人都不得不马不停蹄。一旦众人都在求快，齿轮便进入惯性模式，等外卖超出一分钟急得要吼，快递如果下单当天没有发货立刻退货。基于普遍的个人心理，故事主题首先能快速精准抓取受众的需求，孕育出一些小生态，再用故事去寻找到那些相似的受众并产生连接。当下，清谈类节目（81.4%）、访谈类节目（77.6%）是中国播客中听众最多的节目类型。大多数开始收听播客的听众都是从泛文化类播客开始的。播客《不成气候》是两个自称"科研狗"的朋友分享在大气科学领域的学习和思考，以及两位心理动力学咨询师的播客《清面梦》，为日常生活的种种提供一个精神分析的视角。《咸柠七》《时差》《随机波动》等播客，他们创造了新的谈话和观察角度，在对当下社会进行某种回应的同时也自下而上地构建了一种公共知识，这些社会议题很符合年轻人迫切理解和参与当下生活的需求。

秦牧在《艺海拾贝》中说，"一切艺术所以能感动人，只是因为被感动的人从这种艺术里面引起某种程度的思想上的共鸣"。故事也是如此，哪怕是"短、平、快"故事，也必然是一个完全的存在，一个独立的故事。每个故事都是故事之网中的一个节点，彼此关联，共同构筑起一个完整的宏大的叙事主题，个人回忆变成集体回忆，个人情感变成集体情感。北京首个"碳中和"主题公园，针对温室效应给世界带来的影响，设计了一个白色的北极熊雕塑，镌刻着短小的故事："一只在海中游了232个小时的北极熊,在整整9天中无法休息，也没有能够果腹的食物，当它在687公里外找到一块救命浮冰时已经奄奄一息。"这是纪录片《七个世界，一个星球》的一段话，一个完整的不能再完整的故事，当你看完这个五十余字的小故事时，那种跃然纸上的画面感会重重击中你的心脏。"国家电投好故事"品读会，每一届都由若干个故事组合成，每一届有不同主题，反映的是企业不同历史阶段的现实关照。罗振宇"时间的朋友"跨年演讲，是将若干个故事用叙事的手法串接起来，五六个小时行云流水，新观点跃动迭出，撞击你的神经。重构数字社会的故事就是如此，营造一个讲故事的场，让一个个看似孤立的琐碎的事，在故事中找到自己的位置，彼此链接融通，从而拥有价值观传播、认同的主渠道。故事是虚构与真实之间相互拉扯的一个作用力，作者加工调度这种张力即创作，读者去提取这种张力、感受这种张力即阅读。

在数字社会里，"泛在网络"让"在线"成为常态，身处不同空间、不同场景的人们可以进行共时交流，随时分享自己的故事。每个人都是跨界远行的旅人，"远行的人必有故事"，既能照亮同行人的旅程，照亮听者的眼眸，也能照亮自己，进而照亮世界。彼得·汉德克说，"如果一个国家失去了讲故事的人，它就失去了童年。"从这种意义上说，故事本身的重量感永远都在。对于一个故事，你要这样去讲它，犹如世间万物非于此则无存其重。对于故事而言，所有的叙事也重于此：你要如此地去讲，犹如世间唯故事独存。

在数字社会里

文化即生活

进入思想治理时代

基岩

企业家的时代方位

活的价值观

第二原点

总是去抚慰

重构故事

娱乐主义

世界的工具箱

把自己作为方法

第二次生产

"一分为三" 之三（Ⅲ）

娱乐主义

探察数字社会的种种现象，尼尔·波兹曼预见的"娱乐至死"时代已经到来。娱乐充斥一切传播媒介，游走社会各个角落，影响人们生活的方方面面，"一切公众话语都日渐以娱乐的方式出现，并成为一种文化精神"[1]。在数字媒介的加持下，娱乐成为大众文化形态和生活方式，"升华成为一种新式范例，一种新式世界及存在的形式"[2]。

"娱，乐也"。愉悦身心，从一定意义上说，是人类最原始、最基本的需求，是一种天性和本能。"仓廪实而知礼节，衣食足而知荣辱。"生产力与劳动方式的升级为人类解决了基本生存问题，实现了剩余收入，辟出劳动之外的休闲

[1] 尼尔·波兹曼.娱乐至死[M].北京：中信出版集团，2015：4.

[2] 韩炳哲.娱乐何为[M].北京：中信出版集团，2019：171.

时间，娱乐从此成为人类生活不可或缺的部分。亚里士多德认为，"在生活中也有休息，在这时可以消闲和娱乐"。作为人类的生活方式，每个时代都有特定的娱乐方式，"娱乐的领域跟人类的兴趣一样宽广，和人类的想象力一样深远"①。曲水流觞流淌着千载的魏晋风骨，唐朝第一运动马球挥洒出多元开放的民族盛世，斗茶在两宋时期成为全民竞技使茶文化从王谢庙堂走向寻常百姓，戏剧、电影等艺术形式一经出现便广泛融入人们的娱乐生活。杨德昌说："电影发明以后，人类的生命比起以前延长了至少三倍。"古往今来，娱乐可以是游戏型、技能型、博弈型、博彩型，也可以是智力型、交际型、艺术型。不论以何种形态诞生和绵延，娱乐的意义是使人在与自然融合、与他人互动、与自我对话的过程中感知舒适、愉悦和快乐，从而以一种自由的姿态投入到循环往复的生产和生活。单纯满足感官快乐的娱乐活动当然有其存在的土壤和合理性，但根本上精神世界的快乐更加深刻持久。苏格拉底就高度肯定娱乐

① 杰弗瑞·戈比.你生命中的休闲[M].昆明：云南人民出版社，2000：352.

的教化功能，甚至认为娱乐能够塑造人性。2020 年的春天，意大利歌唱家安德列·波切利站在空旷的米兰大教堂广场上，独唱《奇异恩典》，以歌声治愈人类之殇。

伴随全球化浪潮，芯片、大片和薯片"三驾马车"拉动美国文化在世界范围内强势传播。好莱坞大片纯熟使用战争、科幻、谍战、灾难等各类常人难以抗拒的题材，通过紧张的剧情和炫目的特效，制作出一个又一个票房炸弹，向全球源源不断地输出美国价值。《非诚勿扰》帮助单身男女牵手爱情，也成功引爆诸多社会话题。2021 年 10 月 13 日，Netflix[①] 官方发文庆祝韩剧《鱿鱼游戏》获得 1.11 亿观众，成为 Netflix 旗下最高收视率电视剧。远离一般意义上的说教和灌输，娱乐以极其高明的手腕对人的精神产生影响，披着美丽的外衣，用窃窃私语的熨帖，将快感精准投放到人的感性和欲望之上。"大众娱乐让各种各样的意义和价值在叙事性和富有情感的道路上循环流转，并塑造了对知觉

① Netflix(Nasdaq NFLX) 美国奈飞公司，简称网飞。是一家会员订阅制的流媒体播放平台，总部位于美国加利福尼亚州洛斯盖图。成立于1997年，曾经是一家在线DVD及蓝光租赁提供商，用户可以通过免费快递信封租赁及归还Netflix库存的大量影片实体光盘。连续五次被评为顾客最满意的网站。

起决定作用的情感"。因此，"娱乐使现有社会结构保持稳定。我娱乐故我在"①。

① 韩炳哲.娱乐何为[M].北京: 中信出版集团，2019: 115.

内在的独特价值使娱乐早已不再局限于人类自发的本能、冲动或者是爱好、需要，更多以娱乐业的形态贯穿人类社会的全部领域。数字社会触发娱乐传播实现革命性变革，每个个体都有机会成为焦点。"去中心化"使大众通过技术通道进入社会话语体系，造就价值传播主体多元化。只要拥有一部智能手机或一台电脑，任何人都可以成为传播源。不同于以往受过职业教育和专业训练的专业人员，大众传播者可以仅仅凭借自己的本能和兴趣点进行信息的制作和传播，信息通常呈现出娱乐性的内容和形式。现代化的生产劳作催生社会"功绩"的表现形态，劳动者在积极的自我驱动中不知不觉被"内卷"。人们在无所遁形的疲惫与孤独笼罩之下更愿意以轻松享乐的方式消遣闲暇时光，在潮水般涌来的信息资讯之中更愿意选择开心欢乐的综艺节目或者明星艺人的新闻轶事，以实现自我开解。娱乐点击的流量效应使传播主体获得充分的价值认同，为追逐更多的点赞转发等"肯定性"，他们忘我地加速娱乐内容的生产和传播。生产端、客户端对于娱乐超出以往的需求和闭环，使社会资本嗅到利润的迷人味道，资本涌入娱乐。巨大的市场推力让大众娱乐成为数字社会大众文化最鲜明的表征：一切皆可娱乐。无论庄严的、高尚的、深刻的，都可以被娱乐化。今天的娱乐现象的特点在于它远远超越了空闲时间的现象，娱乐的无处不在表现为娱乐的绝对化，这恰恰消除了工作和空闲时间之间的界限①。工作间隙抄起手机刷一刷新闻、看看微信，顺理成章，甚至天经地义。

① 韩炳哲.娱乐何为[M].北京：中信出版集团，2019: 166.

　　在泛娱乐社会形态里，新的娱乐形式不断涌现，传统娱乐借助数字化实现转型升级，人类娱乐的形式、载体和逻辑远远颠覆了过去所有的实践与认知。网络视频、短视频、视频直播以及沉浸式场景体验等全面融入日常生活，影响着人们与世界对话的方式，孵化出新的商业模式。故宫博物院的"千里江山图画卷"运用 AR 技术提供全景环绕的沉浸式体验，使人完整进入古人心目中可游可居的理想世界。"甜野男孩"丁真爆火之后成为"甘孜旅游形象大使",迅速拉动当地旅游业发展。以视频为代表的新娱乐,正在通过不断的社会化进程演变为生产力,并建立起新的生产关系。在紧张的工作和生活里人们普遍没有体力和心情去思考深刻的问题,普遍需要短暂性快乐。最短的时间进入"爆点",让人开心排解焦虑,意味着价值最大化,代表着流量和利润。2020 年中国短视频用户达到 7.92 亿,短视频用户渗透率超过 70%,成为互联网第三大流量入口[①],成为引领视频行业发展的重要力量。全民短视频时代,更高质量、更专业的视频技术与多元的价值主体产生化学反应,推动人的精神需求从广度深度实现整体升级。

① 人民日报.中国品牌发展研究院.中国视频社会化趋势报告(2020).

从国产综艺节目的题材来看,相比前几年一窝蜂去做同质化项目,目前的综艺广泛涵盖了知识、音乐、舞蹈、美食、旅行、亲子、时尚、科技等诸多领域,每一类题材又根据用户的需求垂直细分出不同的内容,《奇葩说》与《十三邀》各有拥趸,《这就是街舞》与《朗读者》各自美丽。在精准的观众定位之下，无论大众还是小众，无论深度内容还是轻松一刻，总有一款适合你。直播带货带火了经济也带火了文化，传统文化元素成为镜头里的"网红"，沉寂在民间的传统工艺借助视频传播出现复苏之势，博物馆纷纷进驻短视频平台，养在深闺的文物在线"动"起来。2019 年，中国网络视听产业市场规模已在 4000 亿元以上，被定义为"中国视频社会化元年"的 2020 年，产业规模实现大幅度跃升。在绝对娱乐的视角下，当代人正在重新审视"娱乐观"，正在更加关注人类的生活状态、需求结构、价值取向和未来命运。

企业生活身处社会生活的大娱乐场，"为了存在，为了成为这个世界的一部分，就必须要有娱乐性"①。企业员工与大众传播的互联互通，对高强度工作的等值放松需求，对美好生活的初心向往，无不凸显娱乐在企业生活中的文化作用，在企业秩序中的独特价值。如果说球赛、合唱等是企业娱乐 1.0，趣味运动会、文艺汇演等是企业娱乐 2.0，

① 韩炳哲.娱乐何为[M].
北京：中信出版集团，
2019: 171.

今天的企业娱乐已然进入到全领域、全时域的 3.0 版本。社会氛围已经成熟，员工队伍已经觉醒，缺位的恰恰是开展企业娱乐活动的观念、方法和手段。突出的表现是，一些企业的娱乐观念和意识仍然停留在 1.0、2.0 时代，还沉浸在旧时代的喜悦中；或许已经意识到娱乐进入 3.0 时代，看到了社会上各种娱乐形式的觉醒和创新，但多数情况照猫画虎，作为"后浪"追逐"前浪"，学到了用到了一些皮毛；最根本的是没有将娱乐这一手段、方式、态度作为今日企业意识形态的重要载体。时代已经为企业娱乐打开了边界，我们的认识边界也必须随之打开，为企业娱乐赋予娱乐的本质属性，用好一切富有时代精神的娱乐形式。

《娱乐至死》出版时，互联网还处于萌芽状态，尼尔·波兹曼只是视电视为洪水猛兽，但他根据电视得出的结论如同预言，以此来审视当下数字社会种种现象更加令人不安。对娱乐快感的追逐与沉迷，一切严肃问题的娱乐化表达，日益影响着人们的认知方式。最重大的变化，就是从逻辑、抽象的文字阅读，走向直观、刺激的视觉传播。人们日益忽略了在日常生活中点滴沉淀起来的文化品质，减少了对重大问题、严肃问题的深入研究和探索，越来越缺乏深度思考的能力。"人们感到痛苦的不是他们用笑声代替了思考，而是他们不知道自己为什么笑以及为什么不再思考"①。2020 年 5 月，全球第一间 24 小时营业的书店、连续亮灯 21 年的台北敦南诚品书店宣告关灯。有人感叹：这是一个时代的谢幕。

① 尼尔·波兹曼.娱乐至死[M].北京：中信出版集团, 2015: 194.

　　大众娱乐，作者是大众，读者也是大众。大众，意味着不确定。比如抖音上的一条视频，制作者从一串数字符号和文字组合中难以判断是什么年龄、什么性别、什么职业、什么性格的人在看和转发。雅俗共赏的内容似乎可以让更多人实现自我代入，哗众取宠的言论似乎可以引来更多的流量，浅娱乐的背后逻辑不言而喻。企业娱乐则不然，组织者和参与者群体明确，娱乐活动的目的明确。企业娱乐的天然使命就是将娱乐本身的价值性与企业文化的价值性合二为一，让价值传播的收益最大化。然而事实是娱乐变成了娱乐化，企业娱乐活动要么以单纯的娱乐、没有思想的娱乐或者没有企业自身价值理念的毫无目的的形式呈现，玩儿是玩儿，文化是文化，要么干脆将企业娱乐与大众娱乐等同或混淆，简单复制"脱口秀"等时尚模式制造话题并深以为然。现代社会的一个吊诡现象是，一些为达到目的而采取的手段日益成为目的本身，人们日渐陷于手段的迷局，忘却了出发的目的。遵循娱乐内在的文化准则，回归娱乐应有的文化品格，量身设计企业独有的娱乐形式和内容，为员工带来深入持久的精神享受，形成积极和谐的内在秩序，是企业需要长期坚持的娱乐主义。

科学技术为人类创造巨大物质财富，而人的精神财富只能依靠健康的行为来积累。好的娱乐关注人的内心世界，丰富人的心智和精神，引导人们求真、向善、审美。从这个意义上说，以情感表达和审美价值为底色的艺术当是娱乐的高级形态。今时今日，大众艺术固然难逃娱乐化的时代命运，但一张画、一幅字、一个雕像、一首音乐、一座建筑背后的思想情感、人格情趣和逻辑认知，总能多少带给人情动或意动，实现感性和理性的全新体验。在进入作品世界的瞬间，生活琐事消弭退散，人与自由无限接近。人的生活不能没有艺术，娱乐活动不能缺少艺术形式。企业娱乐需要艺术化的表达，需要用艺术的形式实现价值的循循善诱和轻轻进入，文学、书画、雕塑、设计、音乐、舞蹈、曲艺、影视、戏剧等所有艺术形式都可以为我所用，实现更为深沉长远的精神愉悦，实现更有品质品格的文化穿透。"互联网技术和新媒体改变了文艺形态，催生了一大批新的文艺类型，也带来文艺观念和文艺实践的深刻变化"①。比如音乐，音乐能化人心，是从人类社会形成之日起就被发现的普遍规律。《乐记》②就言，音生于人心，乐比音次第而成，所以音乐的根基在于人在于心。在表达人的思想感情的真实性方面，在引导人的情绪意志方面，音乐的独特作用是其他艺术所不能比拟的。孔子就曾大力提倡推广雅乐，以陶情养性，使人向善向美。音乐活动

① 习近平2014年10月15日在文艺工作座谈会上的讲话。

② 《乐记》是儒家关于乐论的经典性著作，论述了乐的产生和乐与礼、社会、人的关系以及乐对人类社会的作用等。

作为企业娱乐中不可或缺的经典形式，既要唱响企业自己的文化、价值、理念，寓美育于"好声音"之中，更要变革观念和方式，充分用好视频、直播等新媒体新技术，扩大音乐表达的交互性和参与感，使活动更加生动鲜活、更具吸引力和感染力。

朱光潜认为，艺术的雏形是游戏，"像艺术一样，游戏是在现实世界之外另造一个理想世界来安慰情感"[①]，所以艺术家都是所谓"大人者不失其赤子之心"。游戏，或者广义上叫作玩游戏，是人先验的行为。人自出生之日起就会玩，世界上几乎没有一个人不是在玩中成长。斯宾塞说："人在完成了维持和延续生命的主要任务之后，剩余能量就会用于玩游戏。"席勒认为，在游戏娱乐中的人才是自由的。因为在游戏时人们克服生活的片面化和异化，是本真的、自由的、解放的，成为一个完整的人。"在欢乐嬉戏中我们又恢复了整体人的天性，而在工作和专业生活中，我们却只能用上整体人的一小部分天性"[②]。人在游戏中的状态

① 朱光潜.谈美[M].中华书局，2010：64.

② 马歇尔·麦克卢汉.理解媒介：论人的延伸[M].北京：译林出版社，2011：266.

是最自由的，最有可能产生新的思想与行为，游戏便总以渗透、融合、感染、创意等形式影响和推动社会进步。在娱乐态度、方法、内容发生整体迭代的过程中，游戏这一重要娱乐形式扮演着变革的急先锋。在数字技术、网络技术刚刚兴起之时，游戏第一时间完成数字化网络化演变。《王者荣耀》发行五年后成为全球第一个日均活跃用户破亿的现象级手游，形成原创的"王者IP"。电子游戏架空出庞大的宇宙和无尽的英雄，在想象性的精神世界中，具有自由意志的"我"可以任意选择身份和行为方式，人设具有无限可能性。现实生活中，人作为社会性的存在，每个人的言行都关系到他人。社会关系对人的行为构成约束。个体成长其实就是在参与社会生活中逐步感知行为边界的过程。这个边界的确立离不开现实生活，离不开主流价值观的传播。员工在企业中工作和生活，感知并遵循组织内的行为边界是企业文化的重要作用力。我们常说，没有无形式的内容，也没有无内容的形式。从这个意义上说，游戏娱乐就是形式，文化就是内容。在企业文化建设过程中，用好游戏这种形式，将"快乐感"深深扎根于企业生活，达成企业与员工之间的价值情感共振显得尤为重要。比如，每个企业都有使命、愿景，每个员工也都能记住它们，现实的问题是怎样能够让员工真真正正、实实在在感受企业存在的价值。从生产清洁能源的原点出发，2013 年到 2014 年，我们用一整年时间，在马甸桥办公楼 16 层西侧的某个固定位置，每天 17 点摄影记录马甸桥的表情，用 365 天的照片和 365 天的 PM2.5 空气污染指数来描述刻画北京。城市表情、空气质量和清洁能源间产生了一种清晰的内在联系。通过一年时间的你来我往，游戏般的打卡记录，为员工植入企业独有的集体记忆，在记忆中形成对企业使命的情感认同与价值判断。

既然要借由游戏"传达"价值、情感给他人，便不能不研究"传达"所必需的技巧。将企业价值观直接体现到游戏主题，为游戏娱乐活动取个好名字，是常识，也往往最易被忽视。中国石化官方微博"石化实说"，网络代言人"小石头"，并设计了专属卡通形象。茅台集团"53°创想空间"，将品牌与文化结合得出神入化。国家电投集团为春节联欢命名"新春和会"，为好故事品读会命名"为和而来"，为健步走活动命名"和你同行"，为企业内刊的微信平台命名"和美原创"。原本普通的娱乐活动，一旦注入文化主题，立刻鲜活丰满起来。提炼主题，然后命名，看似简单粗暴，实则满是细节，全是考验。越是精心设计，越要不经意，我们需要浑然天成。

泛娱乐时代，娱乐成为新的社会话语体系。"娱乐似乎对接每个社会体系并对其进行相应的调整，以便这些体系形成自己的娱乐形式"[①]。企业文化的娱乐表达如同人类的娱乐需求，成为一种本能的宣泄和倾倒。从一定意义上说，也许只有具有娱乐性的文化才是实在的或者现实的。

① 韩炳哲.娱乐何为[M].北京：中信出版集团，2019：170.

在数字社会里

文化即生活

进入思想治理时代

基岩

企业家的时代方位

活的价值观

第二原点

总是去抚慰

重构故事

娱乐主义

世界的工具箱

把自己作为方法

第二次生产

"一分为三"之四（Ⅰ）

世界的工具箱
——从统计学到大数据

随着数字社会的到来，大数据正逐渐取代统计学的主导地位，极大地改变着人们的行为与思维，成为新的工具方法论，难以阻挡，无法抗拒。有人甚至认为，大数据是一场新的革命，将横扫一切领域，重构世界。哈佛大学里·金教授说："大数据是一场革命，庞大的数据资源使得各个领域开始了量化进程，无论学术界、商业还是政府，所有领域都将开始这种进程。"

在大数据时代，云计算、物联网、移动终端及可穿戴设备高度发达与融合，不管你是谁、不管你愿意不愿意，都要与数据打交道，要么在生产数据，要么在接收数据，不管身在何处，你已经被"大数据"了。比如，出行时我们通常会选择地图导航给出的最佳路线，网上购物时我们通常会选择销量最好的商品等。从日常生活到国家宏观调控，我们面临的都将是各种数据。

　　从结绳记事到统计学诞生，再到今天的大数据，统计作为人类认识客观世界的工具，深刻影响着人们的生产生活方式和文化范式。据记载，西汉时期中国开展了第一次人口普查，17世纪中叶统计学诞生，并在18、19世纪与概率论结合，产生了现代意义上的统计学。19世纪初上半叶，统计学逐渐成为近代文化发达的标志之一，统计开始大量运用于社会经济自然科学各个方面，一切让数据说话成为一种理念、一种时尚。

　　统计学的诞生及发展，使人们对数据规律性的认识上了一个大台阶。之前，人们对数据的认识往往是满足"计数"的需要，记录历史，回答"干了什么"，而随着资本主义商品经济的发展，对数据的认识慢慢需要满足"生产"的需要，不仅要记录历史，还要预测未来，回答"要干什么"。2009年甲型H1N1流感爆发几周前，Google通过对人们网上搜索记录的观察、统计、分析、建模，结果显示，他们的预测与官方数据的相关性高达 97%，且判断比疾控中心更及时。统计学就是关于数据的科学，研究结构化"小数据"，其优势在于"以小见大"，通过设计抽取个体样本数据进而分析推断总体特征。威廉·配第[①]的《政治算术》崇尚让数据说话，依据数据分析更广泛的社会、经济问题，而不只是依靠思辨或空洞的推演，正如他所说："与只使用比较级和最高级的词语以及单纯作思维论证相反，我采用数字、重量和尺度等术语来阐述我的观点"[②]。对于传统的统计研究方法而言，大量观察法是基础，是收集数据的基本理论依据，其主要思想是要对足够量的个体进行调查观察，以确保有足够的微观基础来消除或削弱个体差异对整体特征的影响，足以归纳出关于总体的数量规律。而大量观察法的极端情况就是普查，但限于各种因素不能经常进行，所以一般情况下只能进行抽样调查，这就需要精确计算最小样本量。基于大量观察法获得的样本数

[①] 威廉·配第（William Petty, 1623—1687）是英国古典政治经济学之父，统计学创始人，最早的宏观经济学者。一生著作颇丰，主要有《赋税论》（写于1662年，全名《关于税收与捐献的论文》）、《献给英明人士》（1664）、《政治算术》（1672）、《爱尔兰政治剖析》（1674）、《货币略论》等。

[②] 威廉·配第.政治算术[M].北京：中国社会科学出版社，2010：序言.

据才符合大数法则，才能用以推断总体。因此，普查和抽样调查成为传统统计学的常用工具。无论是普查还是抽样调查，其核心问题是要取得准确的"个体数据"。《观察》杂志利用英国伦敦每周公布的死亡人数及相关人口资料，用了大量表格、演算，分析了 60 多年中居民死亡原因及与人口变动的关系，"以小见大"，提出了人口男女性别的大数法则，编制了人口统计分析寿命表及人口推算方法。

彼时的人们越来越相信，统计学是能够让知识脱离神话的内容，成为工业时代的工具箱和方法论。德国统计学家斯勒兹曾说过："统计是动态的历史，历史是静态的统计。"受统计学影响，伏尔泰认为，统计学是"那种无论作为公民还是作为哲学家都愿意去读历史的人所好奇的对象"。由统计学重新评价的历史是具有哲学性的："统计数字是伏尔泰在方法论上怀疑那种只有叙事性的历史的出发点，他怀疑古代史中的那些故事（Geschichten），认为这些故事总是多少带有一些神话的色彩。"伏尔泰认为统计学就是种启蒙，它以客观的、以数据证实和推动的认知来反对神话叙事①。

大数据是相对于传统的以随机抽样 为统计学基础的小样本数据而言的，是包 含了所有相关数据的全集数据。与传统统计学研究的 数据比，大数据的特点越来越凸显。数据量特别大（全 数据）和数据的获取和处理的速度特别快（现实数据） 是最显而易见的特征。根据爱立信 2021 年 6 月份发 布的《爱立信移动报告》(*Ericsson Mobility Report*)， 在全球范围内，2020 年底时，全球移动网络数据流量 （不包括 FWA 和 IOT）达到每日 49EB，并在 2021 年 第一季度时，每月达到 66EB。报告预测，到 2026 年底， 全球移动网络数据流量将达到每日 237EB。就个人数 据消耗型手机而言，现在智能手机平均每月消耗数据 流量超过 10GB。根据测算，全球数据量每两年翻一番， 数据处理能力每 18 个月就可以翻一番。在数据爆炸的 时代，百度每天响应超过 60 亿次的搜索请求，日处 理数据超过 100PB，相当于 6000 多座中国国家图书 馆的书籍信息量总和。大数据的数据类型也十分繁多。

① 韩炳哲.精神政治学 [M].中信出版集团, 2019: 78.

大数据不仅仅是数字，还包括了结构化数据、半结构化数据和非结构化数据，特别是互联网和通信技术的迅速发展，电子商务和社交网络的广泛应用，网络日志、音频、视频、图片、地理空间位置、网上交易等成为新的数据形式。大数据的数据商业价值也比较高。以视频为例，一部 1 小时的视频，在连续不间断的监控中，有用数据可能仅有一二秒。如何通过强大的机器算法更迅速地完成数据的价值"提纯"成为目前大数据背景下亟待解决的难题。大数据处理速度特别快，这是大数据区分于传统数据挖掘的最显著特征。根据 IDC[①]的"数字宇宙"的报告，2020 年全球数据使用量达到 35.2ZB。大数据已经无法用传统的存储、计算方式来处理，数据上云意味着可以通过网络，依托于云计算的分布式处理、分布式数据库、云存储和虚拟化等技术，对海量数据进行整合、挖掘，从技术上看，大数据与云计算密不可分，算法成为大数据时代最重要的工具。

① 互联网数据中心（Internet Data Center）简称IDC，就是电信部门利用己有的互联网通信线路、带宽资源，建立标准化的电信专业级机房环境，为企业、政府提供服务器托管、租用以及相关增值等方面的全方位服务。

人们在日常生活中娱乐、消费、出行、拍照都使用手机，线上平台公司很容易根据用户以前的搜索项目、浏览和购物乃至退货记录来判断用户的消费层次，背后其实是用了一套算法。《算法的陷阱》一书中说："线上零售商无法单纯依靠开了一家网店而坐等销量暴涨。数据，特别是掌握相当规模的数据才是成功的关键。这些线上平台公司会收集大量涵盖人们生活方方面面的个人信息数据。这些数据就是价值所在。对这些线上平台的操控者来说，具备控制并迅速分析这些个人数据的能力将给他们带来显著的竞争优势。"一切都变得透明。资本利用这些心理画像制造需求，精准生产并投递商品，人陷入了精神操纵而不自知。一些平台大肆利用"尖叫效应"①，通过推送传播博人眼球的劣质低俗内容以获取关注和流量；算法主导的信息推荐技术，助推构建起一个个充斥劣质低俗内容的"信息茧房"②，不仅让用户深陷其中、难以自拔，而且容易形成

① 尖叫效应是指通过非法抓取、剪拼改编的惊悚、恶搞、色情等低俗内容，往往能迅速引发人们的大量关注，无论是从满足人们的猎奇心理，还是引发人们的指责批评，传播者都能从中获取高额的流量和点击率。

② 信息茧房是指人们关注的信息领域会习惯性地被自己的兴趣所引导，从而将自己的生活桎梏于像蚕茧一般的"茧房"中的现象。

舆论生态的"劣币驱逐良币"。人类不再有秘密，也不再有自由。

维克托在《大数据时代——生活、工作与思维的大变革》中说："大数据时代将带来思维变革、商业变革和管理变革，随着大数据在商业等领域崭露头角，一场为发掘和利用数据价值的竞赛正在全球上演，人类将面临根本性的时代变革。"大数据时代，各种传感器和网络设施遍布社会的各个角落，而这些数据是实时的、动态的，具有"零延迟"、即时性等特点，采用智能计算、实时计算等方法，极大地提高了数据的时效性和预测质量。特别是，随着电子商务、互联网金融、社交网络等的飞速发展，互联网已经成为人们生产生活不可或缺的重要场所。人们在互联网上购物、交流、搜索、浏览的各种行为所产生的数据量越来越大。这些数据记录人们搜索内容、搜索频率以及位置等信息，反映了人们社会经济活动、心理活动、情感取向、个体需求、兴趣关注等，未来的变化趋势，体现在今天人们的行为中。

　　"大数据算法＋心理学"的方式，被剑桥数字科学公司（Cambridge Analytica）公开宣扬，而且用于2016年美国总统大选，以此进行"微定向"投放竞选广告。剑桥数字科学公司是"脸书"（Facebook）的裙带机构，宣称掌握了两亿多美国人的数据。每个"人"都可以拆解为四千到五千个数据点，并以此与消费数据相关联——从选民登记数到购物数再到枪支持有数。综合海量个体数据，这家公司可以准确地推断用户的肤色、党派、信仰和性取向。特朗普的政治广告通过这种精准到原子化的定位推送到用户眼前，并被认定成功撬动了大选中并不活跃的"大众"。当互联网连接成为社会运转的底层逻辑，在大数据基础上的算法就将虚位以待，等待传统力量自动寻求加入。

　　大数据作为数字社会的工具箱和方法论，正在全面改造人类的思维方式及生活方式。人类逐渐放弃直觉和经验，选择相信大数据的决策和分析。人类大脑的容量是有限的。而大数据是建立在海量历史行为和前人经验上对未来的一种洞察。人们更倾向于算法或相信大多数人的选择。大数据正在成为权威铁证，对理论模型、因果关系和逻辑推理等取而代之。某种程度上，大数据等于大逻辑，大数据等于结果，我们已无须建模、推理得出结论，大数据取代了思考，取代过程和推理，人们只需看结果即可。"关于人类行为的所有理论都已经成为过去，从语言学到社会学。你尽可以把分类学、本体论和心理学都抛诸脑后。谁能说清，人们为什么做这件事，或者人们做什么事？他们就是做了，而我们可以用前所未有的精准度对其进行追踪和测定。只要有足够的数据，数字就会自圆其说"①。

"当数据积累到一定程度时，群体的行为就会在数据上呈现一种秩序和规律"②。在数字技术尤其是区块链技术中，链上的所有数据都具有不可篡改性，不同群体的思想动态可以被完整、准确地记录

① 韩炳哲.在群中——数字媒体时代的大众心理学[M].北京：中信出版集团，2019：109.

② 徐子沛.大数据[M].桂林：广西师范大学出版社，2013：318.

与再现，使每个个体的思想和意识都能够根据客观翔实的数据展开。也就是说，大数据通过分析人在网络上留下的痕迹，捕捉他们的喜好与关注，最后利用大

数据为人的心理画像。通过大量解析收集的信息，人类隐藏于内心的需求与波动变得清晰可见。每个个体都能在大数据构建的数据世界里找到一种对应的映射关系，随着每天新数据的不断注入、更新和迭代，身处数据世界中的"自我"甚至比现实中的"自我"更加丰满，比自己还了解自己的思想、偏好、能力和情感。这种数据化的精准可以形容为"68 个赞看懂一个人"。这些数据拼凑出的个人完整的"数据肖像"，本质上是一种权力。数据就是权力。对个人信息了解得越多，就越能对这个人的思想和行为施加影响。

今天的企业，生产方式、管理方式、业务流程都发生了巨大的变化，而且是质的变化，企业内部和外部的边界被彻底打通，企业管理的边界逐渐淡化，甚至消失。在企业的生产、管理、生活过程中，大数据越来越被广泛地运用。

大数据使得企业生产变得越来越便捷、安全、高效。国家电投集团"国和一号"示范工程在全国率先启动"智慧工地"合作共建。2021 年 1 月 4 日，国内核电项目首个投用的"智慧工地"监管中心正式投用，5G 网络全覆盖，将 GPS、蓝牙信标、蓝牙 AOA 多种定位技术融合的室内外高精度集成定位，用大数据技术将人员管理、施工监控、吊钩可视化、塔吊防碰撞、AI 图像识别、VR 安全教育、质量防造假记录、环境监测、车辆测速、安全预警、全厂广播、地理信息系统等系统进行集中展示和分析，实现了当前阶段工作面视频监控全覆盖、人员定位全覆盖、特种设备管理全覆盖，构建了一张安全质量全覆盖的防护网，全面监控并实时掌握工程现场状态，及时发现隐患，降低施工风险，起到提质增效作用。

大量实践显示，通过大数据将各种管理环境中发生的事件融入其中，能够对虚拟的企业员工进行分类，并让员工针对各类管理事件作出虚拟的处理选择。大数据可以预测并反馈其心理及行为的变化。这种预测准确性高达 84%，置信水平 0.95。也就是说大数据使得传统意义上难以把握的人的思想和行为实现数据化、可视化，让企业管理者能够更快捷、更敏锐地预测、分析员工的心理状态和需求，从而对症下药，大幅提升效率。国家电投集团每年定期通过大数据工具开展员工思想动态调查，在"电投壹"平台开设"心能源"专栏，关爱员工心理健康，实现线下"零距离"沟通，并且通过大数据分析将员工的动机和行为物理形式呈现在管理者眼前，从而找到员工队伍中存在的普遍性性问题，提出针对性解决方案，从而提升企业员工的忠诚度。

"以往难于客观化、数据化的人类精神世界也变得像客观物质世界一样可用数据来进行客观描述和认识"[①]。相对来说，以大数据来刻画人的行为特征容易，但如何由行为刻画来把握思想变化，则需要增强对人的思想变化规律的认知能力，这正是现代企业文化和价值传播需要尤为注意的。席卷全球的新冠肺炎疫情，已经影响人类两年多。疫情防控常态化已经成为全球共识。许多行业都受到不同程度的冲击，旅游业作为典型的环境敏感性产业首当其冲。整个旅游行业，面对整体休克

① 周靖祥.大数据背景下社科实证研究的形式主义陷阱[J].求索，2014.(10).

阶段复苏的现状，纷纷积极转型寻求破局。在线旅游企业的"老大"纷纷走进直播间，抖音推出"新农人计划"12亿流量补贴三农创作传播，一博主卖农产品年收入1500万。中国传媒大学旅游传播研究中心指出，在从未经历的萧条中，传播——似一股潜流，正在深刻地改变着文旅行业，为残忍数据注下一剂强心剂。不可否认的是大数据工具正在成为文旅行业的新的生产力。在大数据的加持下，未来文化IP的开发更加风起云涌。河南通过河南奇妙游，惊艳地表现中国文化、河南地域文化，完成在地文化IP开发的前半场。开发的下半场则是通过大数据的分析，线下形成旅游的体验转化，如今，许多互联网平台纷纷入局城市，如爱奇艺通过IP+文旅，打造洛邑古城《风起洛阳》"影视IP"文旅综合项目，通过《风起洛阳》核心剧集，衍生开发线上综艺、漫画、剧本杀、主题酒店等项目。由此可见，文化IP是有着高辨识度、自带流量、强变现穿透能力，能够深刻洞察受众的内心需求和情感变迁。

　　当大数据工具从生产力，上升为管理、理念层面，就成为企业的一个大工具箱。大数据与企业生产生活和经营管理的完美嫁接，大幅提升企业管理信息化、智能化水平的同时，加速了企业管理思维的跃升，也将大数据思维变成企业的集体意志和共识，形成企业的文化自觉和行为自觉，进入企业文化第二次生产，实现思想治理。

　　身处这个信息泛滥的数字社会，大数据已成为企业占领发展制高点的一把利器。要相信，只要用好大数据这个工具箱，工具的价值就会得到充分展现，而且一定会成为企业构建内在秩序，推动文化落地的不二法门，而且无可替代。

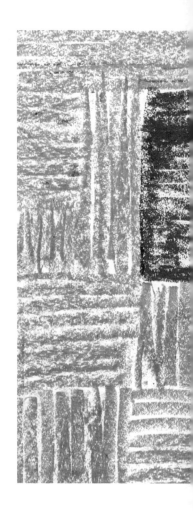

在数字社会里

文化即生活

进入思想治理时代

基岩

企业家的时代方位

活的价值观

第二原点

总是去抚慰

重构故事

娱乐主义

世界的工具箱

把……法

第二次生产

"一分为三" 之四（Ⅱ）

把自己作为方法

　　数字革命重塑了世界图景。当数据、算法成为数字经济的水和电，社会的运行机制、人的认知模式和思维方式也在发生不可逆转的系统性变革。对于企业而言，数字化时代的生存策略，首先是改变自己，做好自己，不断提高组织的生存能力。这是企业不变的最高的生存法则。改变自己，做好自己，最大的阻碍不在于他者，而在于自己，在于沿用过去的逻辑，在于惯性思维和路径依赖。无法完成这一场自我革命，就无法从根本上追逐时代的浪潮。文化作为组织生态的灵魂，理当为企业组织提供鲜活的共同的方法论，促成数字化时代下的生存与跃升。这套方法，来自对经验的分析、抽离、提炼和反思。其中，企业既是主体，又是客体，作为一个有机体，完成了一场与自己的对话。

　　昆德拉说，"人与世界的关系并非有如主体之于客体，有如眼睛之于画作；甚至也不像演员之于舞台布景的关系。人与世界的相连有如蜗牛与其外壳：世界是人的一部分，世界是人的维度，世界一点一点地变化，存在（在世界中的存在）也随之改变"[1]。万物互联的社会生态里，价值多元是最显著的特征之一，不仅各种文化的价值有区别，同一个文化场里每个人的价值也有区别。今天，社会越来越尊重人与人之间的个体差异，包括国籍、肤色、性别、文化背景、兴趣爱好等等，对人的差异化特点越来越采取包容性态度，鼓励个体张扬个性，充分发掘个体的潜力与创造力。当社会承认价值应该多元时，每个价值主体的主体性就成为不可置疑的真理，追求主体性就成为一种时代情绪。主体性，意味着把自己作为目的和本源，走出一条个性化的实践道路，形成各不相同的经验曲线。经验是对事实的深刻感悟、系统总结和准确提炼，是方法的策源地。正如项飙[2]所说，"深刻性需

[1] 米兰·昆德拉.小说的艺术[M].上海：上海译文出版社，2019: 48-49.

[2] 项飙，1972年生于浙江温州，1995年在北京大学社会学系完成本科学习，1998年获硕士学位，2003年获英国牛津大学社会人类学博士学位。现为牛津大学社会人类学教授、德国马克斯·普朗克社会人类学研究所所长。著有《跨越边界的社区：北京"浙江村"的生活史》《全球"猎身"：世界信息产业和印度技术劳工》《把自己作为方法——与项飙对话》等。

要你在事实里'泡'着，对事实理解得非常透，抓得准，不断地拷问"[1]。大前提是一定要有事实，要在内容上有丰富的积累，对事情有深入体察和切入，由感性认识过渡到理性认识。即把自己的实践作为问题，回答是什么、为什么、怎么办，抽离出经验。把分散的经验总结起来，就是将理性认识固化为有机有用的方法，回到感性实践去使用，进入实践——认识——实践的螺旋式上升。在这个逻辑演进中，"泡"的主体、体察的主体都是自己，切入的对象是事实——自己的实践。对于企业而言，企业内部发生的一切实践活动都是客观事实，拥有自我证明的现实基础和能力。经验、方法就是"泡"在这些客观事实中萃取出来的，是百分百的个性存在，谁都无法将自身放在别处。

  有学者认为，人类正在经历有史以来第二次最重要的迁徙。第一次是数万年前智人走出非洲，如今则是穿越平行宇宙，从物理世界"移民"至数字世界。也许，"元宇宙"刚刚成为一个概念被广泛审视，不远的将来人们就可以随时随地切换身份，自由穿梭于物理世界和数字世界，在虚拟空间和时间节点所构成的世界里学习、工作、社交……在一切看似坚不可摧的秩序都被不确定性击穿之后，在虚拟世界、网络空间全面介入人们的日常生活之后，可触摸可感知的现实据此拥有了不可舍弃的价值。比如，脚要踩在地上，日子要一天一天过，人类还是要种地打粮吃饭。比如，人与人在面对面交往的时候，更有温度，更有人情味儿。今天，无论是超级文和友、阿那亚等现象级景观，还是深圳城中村、上海滨江沿岸的转折新生，背后都是当代城市空间的生产范式在发生变化，即以现实的人的现实生活为目的和尺度，这也是城市空间的本源价值之一。虚拟空间越广袤深邃，现实生活就越原始珍贵，活生生的"自己"就越重要。作为个体的人要回归生活的本源，作为个体集合的企业也无法脱离产品、技术、知识等要素生产的使命。企业治理的理念体系建立起来后，终究要落到实践中去，所以要结合实际，给出一套方法出来，而这个方法必须契合自己的实际，解决自己的问题。

企业文化本质上是做人的工作，让员工在企业组织里有所思，有所悟，有所得。本质上，有些安身立命的意义。文化力、能量场真实存在于企业生活里，做企业文化，就是要意识到这股力量在哪里涌动，把它挖掘出来，把它用好。企业治理把自己作为最大的方法，决定了企业文化也要把自己作为方法。把自己作为方法，是从企业自身长期浸泡的生活经验中直接抽离出理念、价值观等理性认识，形成思想治理的最大公约数。把自己作为方法，是创生出文化建设的具体方法，实现从沿用传统、学习借鉴到自己创造的跃升，实现从外部推动到主动发力的跃升。

一切理论、思考都需要和实践结合起来，结果只能从生存与劳作的直接性中获得。项飙说，"任何东西都是靠做出来的，不做的话什么都没有"。埃隆·马斯克在演讲中也说了同样的话："想要开公司，你必须实实在在地做出产品原型。因为，再怎么精彩的纸上作业，Powerpoint 报告，都比不上拿出实际产品有说服力。"这里的关键，就在一个"做"字。"做"，即行动，是一种带有主观能动性的行为，或将物质性的素材整合在一起，使其具备某种功能或意义，或将理论、理念、设想等物质化，使抽象走向具象。企业任何愿景目标、价值理念、制度要求要和"做"结合起来，变成一种行动。行动才能让理念的力量发挥出来。行动本身是不断变化着的，在改进提升中让物质的力量发挥更大的作用。企业文化只有坚持做，一点一滴地做，一件事一件事去做，才能将企业的价值要求变成员工的具体行为，将外在要求变成内在习惯。只有坚持思考坚持实践，一项制度一项制度去完善，一个改进跟着另一个改进去创新，才能孕育生生不息的文化。国家电投集团的企业文化建设，始终将认认真真去"做"作为最基本的态度，而且是一直"做"，一直努力去"做"。

文化即生活。生活是很真实的，很具体的。天空的颜色，花草的味道，三餐的丰俭，情绪的起伏，都是真实而细腻的。员工对办公环境的喜好，对工作安排的适应程度，也是具体的、实在的。企业的使命、愿景、价值观一旦确定,从"知"到"行"进入"知行合一",就需要有抓细抓具体的动力和能力。歌德有一次听到一位即兴诗演唱家即兴演唱了一段对家乡汉堡的感受。歌德对他的演唱技巧表示惊讶,对他的演唱内容却并不赞赏。歌德认为,他歌唱的更多是对回到汉堡后与父母朋友团聚的激动之情,而这激动之情同样可以用于其他城市。汉堡那些与众不同、丰富而细致的城市特征都可以成为他演唱的材料。那些有声有色的,一切如在眼前的世界一定会让观众欣喜万分。所以要打动人、影响人,就一定要细化具体化,落到细节中去。将愿景目标、价值理念、战略计划具体落到工作中一个一个小的局部、一个一个小的细节上,往下再落到一个一个制度流程、一个一个企业故事上,最后变成"产品原型",变成行为指引,变成生产关系和生产力。文化建设属于意识形态领域,很容易让人产生距离感、缥缈感。即使是遥远的东西,当你把它讲得具体之后,我相信大部分听众不管年轻还是不年轻都喜欢听,因为它变成了故事。热烈的话语可能过一阵就降温了，但是这些具体的故事会留在人们脑海里，会慢慢改变大家对日常生活的感知，生出一种新的"生活感"①。细化具体化，文化就变得场景化生活化，让员工看得见、摸得着，实现到人头到心头，赋予一种在地感、温暖感、安全感。员工在企业里，由此得到身体的再生，情感的再生，精神的再生。关心关爱员工才是真正落到了实处。

① 项飙，吴琦.把自己作为方法——与项飙对话[M].上海：上海文艺出版社，2020：124-125.

毛泽东讲，过河要有"桥"和"船"。企业文化建设有了"桥"和"船"，就能将企业认识、观念、思维、态度和员工具体行为真正贯穿起来。在企业文化进入思想治理时代，文化建设与企业经营管理等经济活动有机融合，交互作用，在方法上也应互相借鉴、同向发力。一旦进入科学管理的范畴，企业文化建设的方法就不再是小舢板，而是一艘航母；不再是一个工具单打独斗，而是成为工具体系或者叫作工具箱。

国家电投集团在企业经营管理实践中总结提炼出两套工具体系。"学习、研究、创新、落实"闭环体系，是一套打破组织熵增，构建开放系统的工具。学习，是学习科学理论、创新理论，提高理性认识；研究，是突出问题导向，运用科学理论对企业现实问题进行认知与分析；创新，是将理论与企业改革发展的实践紧密结合，提出切实可行的思路举措；落实，是突出行动和成效，针对制定的创新举措，点对点跟踪落实，直至取得预期效果。针对落实的实践中涌现出来的新问题，需要回到理论中再去探求，回到企业经营管理中再去研究，步入再认识、再实践的螺旋式上升。"学习、研究、创新、落实"工作法，大前提是每个员工个体作为基本单元，自身构成一个开放系统，不断引入外界的新能量。这个过程，是新陈代谢的过程，是典型的"耗散结构"①。通过个体和组织的耗散，打破熵增，实现熵减，企业由此构建了新的内在秩序。"学习、研究、创新、落实"工作法质是企业内在熵减、降噪、提智

① 耗散结构，由比利时科学家伊里亚·普里戈津(I.Prigogine)于20世纪70年代提出。耗散结构与热力学第二定律，即"熵增定律"相对。"熵增定律"是封闭系统的规律，认为一个孤立系统的熵一定会随时间推移，达到极大值，系统会达到最无序的平衡态。"耗散结构"是一个远离平衡的开放系统，通过不断与外界进行物质和能量交换，在耗散过程中产生负熵流，原来的无序状态转变为有序状态，这种新的有序结构就是耗散结构。目前，耗散结构理论和协同学通常被并称为自组织理论。

的一种新的方法，是企业面对"乌卡"时代应对外部不确定性的自组织机制。

"逻辑、量化、闭环和工具"是组合式管理工具，它更接近现代企业管理的本质特征，比具体的方法和工具要高一个量级。把这一套管理方法移植、嫁接到文化建设中去，使企业文化建设工作有了一条贯通和连贯的具体抓手，如鱼得水。比如企业文化工作的考核。国家电投集团从 2016 年开始，连续六年开展党建工作量化考核，并都将企业文化工作纳入其中。过去，党建考核多以定性为主，所以总体上感觉大家工作做得都不错。而在实行定量考核之后，基本原则是分类、定量和细化。2016 年第一年考核，确定了 5 项考核重点和 3 级考核指标。考核结果出来后，最高分跟最低分相差 34 分。有些分数低的单位看到结果不服气，认为分数打得不合适。经过复查，一对一下发考核评价单，基层单位一看就清楚自己的问题出在哪里，哪里扣了分，所有人都服气。没有考核，就没有管理。这就是方法、工具的直接结果或者显性作用。

　　数字技术一路高歌猛进，高速变迁的时代仍在加速，打开边界的世界更加宽阔，也更加复杂。面向已经到来的未来，企业发展新的动力是什么，未来的组织生态会怎样，个体的力量如何进一步激活，价值要如何定义，意义由谁来守护，这些现实的问题就发生在企业身上，尝试解决的方法也必须从企业自身出发。

　　把自己作为方法，是通过跳出自己看自己，可以更好地撞击出超越自己的勇气。反思所生出的距离感，为企业自身和外部世界，和自己本身，都留有空白，生命机体在这个通道里能够自由地呼吸。绘画留白，是作者给欣赏者留出理解的空间，对落笔时刻的理性与情感进行二次创造。通道留白，则是企业给自己留出生命的空间，是方法，是手段，更是目的。

在数字社会里

文化即生活

进入思想治理时代

基岩

企业家的时代方位

活的价值观

第二原点

总是去抚慰

娱乐主义

重构故事

世界的工具箱

把自己作为方法

第二次生产

"一分为三"之四（Ⅲ）

第二次生产

企业文化如一切有机生命，孕育生长，自我生产，最终随企业死亡而终结。这个生命过程的基本特征，体现为两次基本生产。即通过第一次基本生产和第二次基本生产，共同完成一个企业文化的生产，企业文化的生命得以诞生。企业文化第二次基本生产，指企业思想治理体系内核确立后，这一核心内容系统传播、系统落地和全面生根的过程。

企业文化的第一次基本生产，产生一套完整的企业文化体系，即过去的"三大件""四大件"，现在的"思想治理"架构，具体体现为一个企业的文化理念体系，一套企业文化的符号体系。但企业文化的第一次生产仅仅是一个着床的胚胎，还未形成一个完整的有机的生命体，生命过程才刚刚开始。这些理念文本也包括视觉识别体系要经过转译，成为员工和社会公众易于接受理解的价值符号，慢慢演进成员工对企业的一种信仰、信念，最终变成员工和企业的行为，一个完整的企业文化才最终形成。后半程，即为企业文化的第二次基本生产。简单说，理念生产是企业文化的第一次基本生产，行为生产是企业文化的第二次基本生产，两次生产共同构成一个完整的企业文化生产过程。仅有前半程，即第一次基本生产，企业文化只表现为一堆冰冷的文字和条文，没有进入企业生活，生长为企业的骨骼肌肉和思想魂魄，文化是死的；仅有后半程，即第二次基本生产，企业文化则无方向、无目的、无灵魂，再好的方法路径和落地体系都找不到根脉和意义所在，文化是飘的。可见，企业文化的两次基本生产同等重要，先后有序，不可或缺。

数字化正在重新定义生产力和生产关系，重构生产结构和社会结构，同时也推动权力的再分配。企业文化在数字社会的第一次基本生产，表现为思想治理体系的构建，动因在于权力的再分配。接续的第二次基本生产，动力也在于此。从现实情况看，企业内部组织权力不会削为平地。自人类文明起始，分散的网络和集中的等级制度之间的紧张关系就存在了。无论技术如何发展，我们仍将生活在一个广场和高塔并存的世界。这是哈佛大学历史系教授尼尔·弗格森的基本结论①。即便企业整体进入数字社会，组织形态因此发生根本性改变，但企业因社会的存在而存在，企业不会消亡，企业形态会一直存续，企业内部的组织架构会以不同形式存在。加上传统的思维惯性，给了权力生存的空间，某种意义上等同于组织权力的存在。这意味着，企业组织权力在一个可以预见的尽头，将一直存在。只不过这种权力是被消解的被弱化的权力，是数字社会组织结构权力模式的一个部分。布尔迪厄②认为，特定社团的权力正是通过沟通形式和模式体现出来的，也是通过沟通形式和模式获得文化再生，因而永久地存在下去。不管是传统科层组织结构，还是扁平化组织结构，省力、有效、惯用、喜欢的沟通方式即"惯习"③，这是布尔

① 观点引自尼尔·弗格森《广场与高塔——网络、阶层与全球全力竞争》，周逵、颜冰璇译，中信出版集团2020年版。弗格森的隐喻可表达为：高塔是垂直结构，是秩序的有形之手；广场是水平结构，是破坏的无形之手。

② 皮埃尔·布尔迪厄（Pierre Bourdieu，1930—2002），男，当代法国思想家、社会学家。布尔迪厄是文化再生产理论的杰出代表，他最早提出文化再生产这一概念，强调文化过程对于维护现存社会经济结构的重要性，认为教育有助于维护一个不平等的、分化为阶级的社会，并使之合法化。

③ "惯习""场域""资本"是贯穿于布尔迪厄社会学思想的核心概念。关于"惯习"，布尔迪厄认为是一种社会化了的主观性。其一，惯习既是个人的又是集体的。惯习来自个人与群体长期的实践活动，经验内化于个人的意识，从而指挥和调动个人与集体的行为。其二，惯习是历史的。历史存在于惯习之中，惯习是历史的产物。人们的行动和行为方式总是带有历史的痕迹。其三，惯习是开放的和能动的。惯习与习惯不同，习惯具有无意识性、机械性和重复性，而惯习在实践中不断创生与发展，具有创造性。惯习记载了个人的生活经验与生活环境、个人受教育程度、个人所属的阶级性质以及个人的个性与禀赋。

迪厄"文化再生产"理论的关键概念。"惯习"深深植根于日常生活中，代表了一套内化了的能力和结构化了的需要，在流水般日复一日陈陈相因的生产生活中，一代一代悄无声息地复制、繁衍、连接、传承，沉淀成一套感知、思考、欣赏和行为系统。布尔迪厄说，"社会行动者既不是由外部起因决定的物质的粒子，也不是执行一种完全理性的内部行动计划的、只受内部原因引导的单子。"这种"惯习"在企业文化传播和落地中，演变成企业组织条件反射式的惯常权力——以最熟悉、最直接、最常用、最省事的灌输方式，由上至下、由点及面、层层传达，甚至把灌输方式与条件反射等同，以至于在某些时刻视为唯一。企业组织长期存续，企业权力依然存在，这种灌输方式就将始终有效。

企业组织权力被数字所消解，新的权力主体被同步赋能。过去，信息的拥有、发布、传播、接受由"组织"说了算，由权威机构、专业部门如广播电台、电视台、杂志社和网站等单一渠道说了算。今天——数字化时代，社会上每个人包括企业员工，他既是媒体——信息的生产者、发布者，同时又是信息的接受者、消费者，员工从过去单一的受众，摇身一变成为信息生产者和消费者的同一主体，即员工由被动变为主动，主动生产、主动消费，信息看或者不看，由"我"自己说了算。员工由此拥有了两方面的权力：信息生产的权力和消费的权力，在朋友圈发不发信息，什么时候发，发什么内容，由自己做主，而不是由组织或其他人来决定。这种发或不发的权力，即信息生产的权力，是数字社会人的基本权力；信息消费的权力，喜欢看的内容或戳中兴奋点的信息，就点开来仔细阅读，反之就轻轻划过淹没在信息海洋之中。看或不看也成了权力，并且成为更显性的权力。在信息来源单一，并且自上而下没有选择权的时候，组织要求看，多数情况下员工只能看。在数字媒体的环境里，员工完全自己做主看或者不看，除非那些事关员工切身利益和工作内容外。数字社会，数字媒介赋予员工信息生产和消费的权力，它承接了企业组织被数字化消减的部分权力。这种权力的转移和新生，不是个别人的，也不是一个企业或一个组织的，而是社会所有人的，这就成了一种事实、一股潮流和力量。

释放员工手中的权力，员工就成为企业文化第二次生产的主体。此时，亟待找到数字社会企业文化传播的价值，给员工价值以尺度，赋予企业价值以灵魂。以牛顿发现《自然哲学的数学原理》为象征，现代文明不过 300 年历史，企业作为现代文明的标志，是这个大历史的产物。真诚、平视、倾听、图像、声音等常识，如空气、阳光、水等有机物一样的存在，却曾因为组织权力的权威、单向和单一，其价值被深深遮蔽和掩埋，无法被发现被感知。当大历史发生改变，社会条件彻底变化，时代赋予员工以权力，即便是局部的微不足道的权力，只要是所有员工同向发力，事情就发生了质的变化。一方面，可以运用主体意志的员工对媒介、信息的态度和立场发生转变，他将按照自己的价值和立场去评判和抉择。另一方面，那些平淡如水的常识日益变成价值尺度，由形而下跃升到形而上，就如同今时今日才体会到"绿水青山就是金山银山"的真意一样。真诚、平视、倾听、图像、声音等这些价值传播的常识，在地平线上跳跃显现，成为企业价值传播的价值。这些再平常、再普通不过的常识，一夜之间成了熠熠生辉的真理。

其实，常识还是常识，倾听还是倾听，只是时代变了，社会变了，人变了，价值也就变了。时移世易，价值传播的价值也随之改变，即新的价值产生。马克思说，"理论一经群众掌握，就会产生巨大物质力量"。当群众的话语权力与价值传播的新价值同时浮出水面，群众或员工对这个新价值，即价值传播的价值自然会给予最热情的毫无保留的拥抱，因为这些价值和这些权力都是数字社会土壤里生长出来的，带着同样的体味、肤色和基因，一定意义上就是为他们而生、为他们而长，是他们执掌话语权柄的法度和准则。就员工而言，如同行走数字媒体世界里的说明书或地图，他们因此乐此不疲。企业文化第二次基本生产的目的，是使企业文化价值理念成为"惯习"，在员工内心盘根错节生长出繁茂的生态，高度认同认可，感同身受、奉为圭臬，甚至成为信念和信仰。毫无疑问，价值传播作为企业文化第二次基本生产的重要路径和方法固然重要，但比它更重要的是价值传播的观念、方法和手段，是价值传播的价值，是左右员工话语权力的价值准则。于是，企业价值传播的价值，就成了企业文化第二次基本生产关键的关键；企业价值传播的价值体系梳理，就成了企业文化第二次基本生产核心的核心。最终，真诚、倾听、常识、平视、图像、声音、流量、模块化、品牌、企业媒体、全员载体等构成一个完整体系，织就了数字社会全新的价值传播的价值体系。企业价值传播的价值体系的重塑，企业内部价值传播秩序体系的重构，企业员工话语权的社会赋予，三者的遥相呼应、彼此交叉、相互重叠和融合塑造，产生了企业文化传播、转译新的"信道"①，就如 3G、4G 跃升到 5G 一样，信道的宽度和传播的速度都将成百上千倍地提升。至此，企业价值传播就彻底构成了企业文化第二次基本生产的主渠道，成

① 信道（information channels），通信专业术语，指信息传输的媒介或渠道，可分为有线信道和无线信道两类。在典型情况下，信道的信息传递能力与信道的通过频带宽度、信道的工作时间、信道的噪声功率密度有关：频带越宽，工作时间越长，信号与噪声功率比越大，则信道的通过能力越强。

为这一次文化生产的主要方式。而企业价值传播的价值，也就成了数字社会企业价值传播王冠上的那颗明珠。

数字社会的外化，呈现的是虚拟世界——虚拟现实的到来，以"元宇宙"为代表；呈现的是物质的极大丰富，以人均 GDP 达到 8000 美元为线。这两者的共同作用，产生一个同向的情感张力，即人对精神、文化和审美的情感渴求，人的内在情感需求成为一种刚性需求。数字社会给每个人一个没有边际的虚拟世界，可以按照自己的想象和需求，一直行走到超出个体的想象，最终把现实和虚拟连接贯通。现实世界里的所有事物都可以投射在虚拟世界之中，建立一个数字虚拟新世界，这便是扎克伯格 Meta 公司要干的事情。如今，人们早已领教数字社会带来的快感和烦恼，最大的苦楚是人与人之间的距离且近与且远，表面是随时随地沟通、交流、见面，内心却是渐行渐远。数字和数字社会让人们"咫尺天涯"，人类学家项飙称之为"附近的消失"。今天，人们其实并不了解身边的人、不了解他们的日常世界，由此带来个体内心的巨大孤独和心理失衡，亟须情感的填充、弥补和平衡。这背后是数字社会生产结构、社会结构和人的心理结构的重新组合、编织和构造，带来的是从未有过的陌生感、疏离感和孤独感。今天，社交恐惧症、宅、丧、躺平等现象的普遍，抑郁症、综合疲劳征和注意力缺欠多动症等精神疾病的广泛性，以及物的品牌需求、文化需求和情感诉求等成为新消费时代的风景线，这一切都是铁证。

当人均 GDP 达到 8000 美元时，人们对产品升级换代就有了一种冲动。日本 1978 年、中国 2016 年分别达到这一水准，由此产生新消费升级。新消费时代，产品除了满足性价比外，还需有审美功能、情感功能，人们要求"一切皆美（Allispretty）"，产品由此进入精神领地。社会就此产生一批消费品公司，如 1980 年成立的无印良品，1984 年成立的优衣库。这是消费升级的底层逻辑，中国社会近年来也是如此。人们选择商品首先看"颜值"，包括色彩、设计、品牌、品质、品味，还要看是否满足本人的情绪消费。由此，出现了消费的情感冲动和价值冲动，人的情感消费冲动变成刚需。嗅觉最灵敏的资本马上跟进，资本入局消费品成为新消费的巨大推力，有人称 2020 年为中国新消费投资的元年，将消费品纳入投资快车道，这背后是消费行业基础设施的快速成长和细分。购物不止有天猫、淘宝、京东、拼多多等电商平台，还包括抖音、淘宝直播、微博、小红书等社交媒体。当内容极大丰富后，颗粒度可以很精确，由此进一步加深人与物、人与精神、精神与物质的互动关系。从人的视角出发，体现为人的主体意识和审美意识的觉醒，体现为大众审美意识的觉醒。这一切归结到个人，每个个体对精神的需求，文化的需求，情感的需求，审美的需求，跃上了一个新的历史阶段，内心需求的内容、层级、强度、维度更丰富多样，更贴近现实，更强烈迫切。马尔库塞[①]认为，发达工业社会借助技术理性，控制并满足人们"虚假需求"为其作用机制，使人们丧失否定性、批判性

① 赫伯特·马尔库塞（Herbert Marcuse, 1898—1979），德国哲学家、社会学家，法兰克福学派的创始人之一。马尔库塞关注现代人自由与幸福实现的可能性，致力于唤醒被"极权社会"压抑和异化的人。他猛烈批判资本对人的生活的控制，指出在高度异化的消费社会中，物质财富的丰裕使人丧失了否定的、批判的能力，丧失了自由自觉的能力，变成了"单向度的人"。

和超越性，丧失自由，成为"单向度的人"。为摆脱这种困境，马尔库塞提出"大拒绝"，试图通过艺术和审美之维重塑否定性，使人们摆脱自由的困境，成为自由的人。这也许是人类从未像今天这样精神需求甚于物质需求的动因，过去几千年农业社会不敢想象的事，数字社会的今天就真真切切地发生了。

　　某种程度上，数字社会的人们正在马尔库塞提出"大拒绝"的道路上狂奔，虽然这种生活不一定是内心想要的，但社会的大逻辑与其如出一辙。当员工内心被启动和唤醒，组织秩序发生结构性变化，审美活动先声夺人地进入员工生活和企业文化，企业美学就成了企业文化的重要内容。同时，审美活动作为员工精神活动的重要组成部分，或人们精神活动的主要形式，也就成了企业文化落地的工具体系。其中，企业美学目视化、工程化、数字化，也就成了企业文化传播、转译、阐释的方法、渠道和工具，这张由美学目视化织就的企业美学大网，覆盖于每个员工、每个视域、每个环节，最终形成企业文化生长的生态场域。换句话说，企业美学目视化是生成企业员工的特定场域，这个特定的场域即企业美育。这里所说的员工，是指具有社会特定含意的和某种价值属性的生产者。员工在这一特定场域中长期生产生活，接受特定美育环境的浸泡和熏陶，自发生长出企业的价值理念，包括对战略的深切理解，对核心价值观的透彻认识，对管理思想、制度流程的耳熟能详和驾轻就熟，对人力资源政策、组织规则和人才激励办法的了如指掌，对员工行为规范和行为公约的稔熟应用，等等。这一切都将是企业美学的职责范畴，虽然它不能包打天下，但却需要用美学目视化的方法工具来实现。情感、审美、文化、精神等的需求，这是大时代赋予的权力，也是数字化时代的基本特征，人们无法挣脱，就如无法离开这个宇宙一样。

数字社会的另一特点是价值多元，价值呈现多个维度、多个层次。价值多元是社会发展进步的一个表征，罗素就说，"参差百态乃幸福本源"。今天，每个人的宫廷拔地而起，每个人都是一个小宇宙，每个人都可以在自媒体里发声。个人是这样，组织也是如此。于是，在企业文化第二次基本生产中，就衍生出与个体崛起相适应的工具方法——把自己作为方法。项飙在《把自己作为方法》写到："把个人经验问题化是一个重要方法。我们关心的是世界，不是自己……要看自己和世界的关系……它的指向肯定是外在的，是把自己对象化，把自己的经验对象化"①。把自己作为方法，意味着自己既是主体又是客体，是自我中包含了他者，并对这样一个多元自我拉开距离观察，当然这本身就需要一种极强的自我反思能力。灌输作为传统，价值传播观念和美学落地工具作为新生，把自己作为方法是一种"留白"和自由呼吸的通道，这四者共同构成数字时代企业文化落地生根工具体系，或者叫工具箱。它们彼此呼应唱和，作为一个坚不可摧的军团，狼奔豕突般行走在企业文化的第二次基本生产中。文化在循环往复的生产中，生命才得以弦歌不辍。

① 项飙，吴琦.把自己作为方法：与项飙谈话[M].上海：上海文艺出版社，2020：217.

核心价值观

思想
治理

使命　愿景　战略

价值
传播

企业
美学

真诚　常识

平视　倾听

模块美学
平滑美学　符号美学
场域美学　价值美学

载体　模块　流量

组织　管理　流程

色彩美学　LOGO美学　设计美学

图像　声音　品牌　媒体

人才　制度　工具

记忆美学　环境美学　观念美学

企业思想治理体系

后记一

平行世界里的一把钥匙

这本小书写作近一年的时候，遇见《在野之学》。第一感觉是惊喜，是漫漫长路中碰到知音的惊喜。

30年一路走来，生命的际遇让我与企业有不解之缘，悠哉乐哉，凭着自己的兴趣爱好，实践、反思、总结，随心所欲，信马由缰。最近10年，才由点及面、由表及里进行系统的沉淀、梳理和架构，着眼时代方位下的企业文化，想提供一些鲜活的观念、方法和工具，用自己的逻辑推演、构架、表达，构建数字社会具有中国企业特点的企业文化体系。基本上，是在追求一种经验的、朴素的、真实的价值输出，根源是对企业生活的长期浸染、体察和追问，并无学术的初心。细细品读贺雪峰先生关于中国社会科学主体性这一主张时，惊喜地发现，我们自发、自觉走过的路和正在走的路，与华中乡土派的治学理念和方法不谋而合。准确地说，是我们的研究方法暗合了他倡导的饱和经验法，也就是贺先生总结提出的中国社会科学研究的方法论：大循环、经验质感和饱和经验法。这对于攀登在半山腰上的我们而言，不啻是一张意想不到的登山地图，让我们心生欢愉的同时，信心满满地坚定了去路。此时此刻，拿到了一把钥匙，打开了平行世界的大门。

写这本书的原初动因，是我们目睹世界的快速发展和企业的快速迭代，企业管理实践与时代同频共振，而企业管理理论尤其企业文化却始终停留在数字社会的门口，企业文化理论仍然停留在工业文明和信息文明的交界处，停留在20世纪80年代的理论框架。糟糕的现实是：一方面，从事企业文化研究的人，细数企业文化理论和现实中的例证，如数家珍般滔滔不绝，可对现实企业实践中问题的解决和指导，总有一种隔靴搔痒的感觉，始终不能一箭中的地解决现实渴求。另一方面，现实中的企业管理者和企业文化工作者，面对纷繁复杂的企业管理实践日益渴求理论，可只能沉浸在旧有的企业文化理论之中，沉浸在轻车熟路的经验路径之中，不能自拔。屡屡看到将企业文化与战略融合、与管理融合等等这类似是而非的观点，还在一些企业文化理论的皮毛中游戏。究其原因，实践大踏步向前发展了，企业管理实践的脚步已经走到21世纪20年代，可理论还是半个世纪前的理论，企业文化还是"三大体系""四大体系"，它已无法满足企业发展的需要，企业文化理论已无法支撑现代企业管理的实践。理论创新严重滞后于管理实践，企业文化理论的梳理、提炼、概括、总结与企业改革发展与经营管理的需求严重脱节，造成今天企业文化理论研究者的尴尬境地。

我们出发的始点是彼得·德鲁克，始于他的基本观点："管理是一种实践，管理要面对的是一个社会、一个人性的世界"。15年来，我们直接参与了3个中央企业文化样本的整体梳理、构建和实施，自始至终。国家电投集团企业文化建设获2018年度电力行业管理创新大奖，获中国企业家联合会2019年度全国优秀企业文化特等奖。迄今为止，陈海华在电力、房地产和文旅企业工作40年，我在铁道部(中国铁路总公司的前身)、地方国资委和中央企业工作30年, 伊廷瑞、蒋昊宸、边心、刘毅、张阳也都在企业工作十数年, 而且都与企业管理和企业文化有直接的关联, 这是我们开展此项工作的前提。我经常和团队伙伴们讲, 不要想着书是否畅销, 市场如何, 而是如何把数十年企业文化实践的体悟、认知和升华提炼萃取出来。我和昊宸说, 把这15年企业美学实践概括提炼出来, 就是一个伟大的胜利。总之, 团队伙伴多年在企业直接从事企业文化管理工作, 这是我们工作的底气和出发点, 通过充分地观察经验对象, 自然会获得关于经验背后一般规律的认识, 这就是"饱和经验法"。可以说, 我们与贺雪峰先生不谋而合, "理论提升源于对经验现实充分认识之后的自然而然的结果"。

"饱和经验法"是方法不是目的, 目的是在广泛接触经验事实的过程中形成"经验质感", 即通过"饱和经验法"使得研究者能够获得"经验质感", 这是贺先生理论的一个突破点, 也是他最重要的观点。对此, 他概括为: "经验质感就是透过现象看到本质的能力或敏感性, 是经验研究中的直觉能力, 是正确提出问题的能力, 也是见微知著、还原现象的能力, 是一种经过长期训练而获得的熟能生巧的能力，是一种身体本能。"可谓画龙点睛，又精彩之极，是他社会科学研究方法论中的神来之笔，将可意会不可言传转换成言之凿凿的"言"，即他的观点。并进一步明确，这种经验质感不同于每一个人在生活中形成的生活本能，"只有经过反思的和专门训练形成的经验质感才是发现问题、创新理论的能力。"现在回头看，我们这3本书的主要观点，几乎都来自"经验质感"的意外惊喜，它们在工作、读书、会间、演讲等不经意中，悄悄地不动声色地来到人世间。最早的雏形——"十二个关键词：精神的原因和结果才是锋利的刀刃"，是2015年国家电投集团企业文化骨干培训班的讲稿，那时的色彩、艺术、设计、平视、传统、参与、灵魂、场、企业家、团队、社会、生活12个关键词，与今天成书的3个体系已相去较远，但依然能看到最初的影子和基因。由此经过8年的演进、提炼、聚焦，最早成型《新沟通　企业文化传播观念》涵盖的12个关键词，其间围绕这个主题有10余次演讲，可见"经验质感"也不是一蹴而就，一下子把什么事情都想清楚的，也要有一个渐进的过程。"思想治理"这一概念的提出，是为中国企业文化研究会2016年深圳峰会准备演讲稿时灵光一现"冒"出来的，把它作为企业文化第5个阶段的一个浓缩和概括，我认为再适合不过了。"六个时序"来得也非常偶然，2019年参加年度电力奥斯卡，确定了"我们如何与这个时代说话"的演讲主题，准备好了演讲文稿和PPT，在去泸州的飞机上一觉醒来看讲稿，随手根据数字社会带来的深刻变化写出五个时序的名字，后来又补充了"读写时序"。更有戏剧性的是《在于美　企业文化落地工具》的框架，始终不大满意，但"经验质感"告诉我们它就在那里，是一套完整的体系，这一点我非常坚信。一年后的某一天，正值国家电投第二次"一公里"企业年度展开展，我在读一本关于美学的书，不经意在扉页写下：模块美学、平滑美学、符号美学、场域美学、价值美学、色彩美学、LOGO美学、设计美学、记忆美学、环境美学，过去一年的迷雾瞬间阳光明媚。回望曲曲折折的来路，"经验质感"成了链接经验与理论、生活世界与观念世界最直接的通道，在数十年企业文化工作浸泡中由此如鱼得水，让我们获得了一种直觉、反思和觉悟的能力，从工作经验直接升华为理论。我们是"经验质感"的直接获益者，今天大梦初醒。

当然"经验质感"的前提，也就是"饱和经验法"，在贺先生的工具箱里有三条原则：不预设问题，大进大出、总体把握，关键在于重复。我在央企工作已15年，团队无论人多人少，各个业务板块一直是打通的，以项目制组建工作团队，采取1+1+N的模式，一个部门主任，一个项目经理(处长)，若干成员。项目实施过程中，每个人思考解决的问题都是各不相同的。这样数十年下来，每个人既有对案例经验的深刻理解，又有对企业文化工作完整经验过程的感觉和把握，由此很容易形成经验质感。最有意思的是，期间每一个成员一而再、再而三地参与实施一个主题项目，好声音、好故事、新春和会、"一公里"年度展等文化项目都是数年连续进行。比如，《和》杂志办了13年，出了157期。将时间连贯起来，对于一个团队而言，就企业文化我们从来没有预设问题，而是一个项目一个项目实践、实践再实践，总体把握、总体考量，去粗取精、去伪存真，蓦然回首，我们恍然大悟。

这一次集体创作，我们采用的也类似于贺先生经验质感的具体方法，即"多点调查、区域比较""集体调查、现场研讨""不分专题、全面调查"。我们7个人组成研究团队，用"1+N+1"集体研修的方法，从2020年2月4日始，每个周末拿出一两个小时时间，密涅瓦的猫头鹰在云端起飞。每次聚焦一个方面内容，一位小伙伴作主题发言，其他人自由表达见解，最后由我来点评总结。一期一题，我们在畅所欲言中碰撞思想，离地三尺、俯瞰大地，交换经验、切换视角、遇见"他者"，保持经验的敏感兴奋，实现经验的共享、倍增。贺先生说，"集体调研是形成经验质感的最好办法"，同时他申明"经验质感的形成不是从调查结果来总成而是在调查过程中慢慢积累起来的。"我们的体会是，经验质感不是从企业文化实践结果中来总成，而是在企业文化实践过程中慢慢积累起来的，我们的数字社会企业文化研究项目，类似贺雪峰先生的农村调查，两者有异曲同工之妙，最终都是经验累积和长期浸泡、长期反思。

人类学家项飙说，"所谓知识就是对世界上发生了什么事有根有据地了解，从这里开始，去观察，去沉淀，慢慢沉淀出底气。"改革开放40多年，中国社会快速发展和变迁，提供了独一无二的中国速度和日新月异的中国样本。这些活生生的中国经验，颠覆了西方主流社会科学现有的各种解释模式与理论模型。过去30多年间，我们从企业、企业文化这个中观视角观察时代、解释时代。在企业管理实践的长期浸润中，反复穿梭在经验和理论之间，尝试去回答几个问题：我们所处的这个时代，究竟是一个怎样的时代？在不确定成为显性特征的当下，企业如何获得确定？中国企业新的秩序、新的活力从哪里涌现？在秩序形成的过程中，文化何为，何为文化？

这3本小书，脱胎于实践经验，是行动之后的思考，经验之后的提升。在现实的企业管理工作中，我们越来越体悟到，企业管理理论全部源自企业生产生活，遵循实践、理论再到实践的跃升逻辑，即实践—理论—实践这个"大循环"。我们始终坚持经验质感，提供视角、制造概念，将大量企业管理中的时代火花、闪光思想和经验做法，从文化视野纳入大时代的生活逻辑，推演出有中国特色的企业文化体系——企业思想治理体系、企业文化传播体系和企业文化落地工具体系。企业思想治理体系讲企业文化的基石、原点和理念，奠定大的逻辑；企业文化传播体系讲传播的观念、价值和方法，提供中观视角；企业文化落地工具体系讲企业美学的规律、原则和工具，形成美学目视化的微观模块。无论逻辑、视角还是模块，坚持从A、B、C这些基本问题谈起，瞄准一个点打竖井、深挖井，试图打开一些当下还没有人或很少有人进入的领域、思考的维度和探究的方向，一则为企业文化理论贡献中国人的智慧，二则更为大胆地期盼，可作为当代中国企业文化研究探路。

正所谓"书读百遍其义自见"，获取"饱和经验"离不开大量的经典阅读。2年来，每周拿出一些时间，静下心来集体研读海德格尔、福柯、许倬云、李泽厚、埃德加·沙因、韩炳哲等大家著作，分享交流科学、哲学、历史、文化、文学、艺术、管理等多元内容，积累知识，打开视野。我们坚持自主阅读，一字一句读原著，反复咂摸体会，在不那么轻松的思考过程中日积月累，养成理性思维习惯，提高逻辑思维能力。我常和伙伴们说：写文章不是目的，学会独立思考、独立判断、构建起内心的秩序来应对外部世界的不确定性，才是第一位的。值得欣慰的是，在成稿的过程中，我们每个人都往前走了一大步,得到了不少新的东西,有的人甚至实现了质的提升,发现了全新的自我。如此讲来,这3本小书已成为我们生命旅途中深深浅浅的脚印。

诗人里尔克说:"请你走向内心。探索那叫你写的缘由,考察它的根是不是盘在你心的深处。"在这个喧嚣浮躁的时代,在这个写作可以贩卖套路的时代,我们走向内心,写那些不吐不快的想法,让每一个文字自然流淌。

荆玉成

2021年冬

后记二

安分地，做自己

从未想过，一些呼啸而过的思考，一些微观凌乱的认识，能够变成文字，还能结集成册。但是，事情就这样自然发生了。在那个注定会被所有中国人记住的春天里，我们试图做一些什么，为自己重建确定。我们从个人经验出发，努力打开边界，一步一步向前，最终抵达了一个宽阔的世界。身为其中的行者，对这个如同寻宝般的旅程十分难忘。

马尔克斯说，生活不是我们活过的日子，而是我们记住的日子，我们为了讲述而在记忆中重现的日子。此时此刻，写作接近完成之时，回望过去一年多的生活，那些曾经付出的时间和脑力，思路拧紧时的痛苦，反反复复读一本书的快乐，都纷纷重现。一帧一帧，真实不虚。

那一天，在一辆公交车上。一个小男孩问妈妈为什么要天天戴口罩，年轻的母亲回答，"你从出生那天起，就需要天天戴口罩啊"。我站在旁边，心里忽然一动：口罩遮面已经慢慢成为习惯。对于成人而言，这是一种手段、一个插曲，而对于孩子来说，这是他们观察到的普遍现象，是他们眼里心里的世界图景，这个孩子的世界观也许就此建立了原点。从那天起，时不时想起这句话，想一想我们与这个赖以生存的世界之间的关系。对世界的态度，对自我的态度，是人类从古至今孜孜以求的智慧，远比知识多少更为重要。无论人类创造了多少发明让生存变得更加容易让生活变得更加便利，焦虑感始终如影随形。并且往往物质上越富有，得失心就会越来越重，不安全感、不确定性就会越来越强烈。数字媒介提供了过量的信息和看似无限的可能，我们一边不停地向前奔跑，为了跟上这个瞬息万变的时代，有处容身，继而过上预设的体面生活；一边不停地向内追问，活着的意义在哪里，价值的真谛是什么。安心立命这个命题不但从未过时，在虚实之间反而更加凸显其确定性意义。身处百年未有之大变局，如何与变化的外部世界对话、共存，如何与变化的自己构建新的秩序、新的生态；在这个科技为王的时代里，如何安放好精神，如何反异化实现人的自由全面发展，不只是个人要回答，包括企业在内的全部组织都要认真回答。在试着作答的过程中，一个真切的感受是，觉醒年代再次来临了。觉醒，是个体力量的萌发，每个人的个性、潜质、光芒，都将绽放闪耀。觉醒，更是文化自信的勃发，中华民族五千年来的文化传承，在这个人人追求自由和幸福感的时代里，必将释放出更基本、更深沉、更持久的力量，必将书写出新的故事。企业文化作为文化自信的重要组成，必将大有可为，也必将大有作为。

那一天，完成了第一篇成稿。在经历了一遍一遍讨论、写作、修改之后，经过所有伙伴的字斟句酌，《思想治理——重构数字社会的企业文化》呱呱落地了，它是本书前三篇文章最初的样子。当时，写作已经进行到第五个月，还没有一篇作品出来，正是着急较劲之时。这篇稿子仿佛拨开迷雾的一束光，照亮了前方的路，坚定了走下去的信心。这一路走来，进入到一个专业领域去探索，最大的收获是关于自己。在此之前，自己从未全面、专注、深入地观察并思考着我们所处的这个时代。而现在，我对外部世界更加敏感，观世变，察人情。那些原来身在其中的常态，现在都一一成为问题。比如，时间为什么会越来越快，忙碌、焦虑、倦怠为什么会成为流行情绪？在信息获取越来越容易的时候，为什么阅读越来越难、思考越来越难？物质已经极大丰富了，为什么人们还是囿于物质化的困境？在万物互联的背景下，个体和整体的关系是更远了还是更近了……改变就在寻求答案中一点一点发生。读书、思考、研究、输出，直接促成了我对自身的重新认识，重建了内心的秩序。人是目的，是万物的尺度。要做一个鲜活的人，就要遵从心灵深处真正的声音，有所坚守。比如，去做一些自己真正喜欢的事，不带功利性和目的性，只是纯粹的喜欢。克里希那穆提说，不建立起深刻宁静的生活，所有的事都是徒劳无益的。也许，深刻宁静就建立在这份纯粹之上。

那一天，有一场热烈的对话。那是一次务虚的沙龙，主题是"制造概念、提供视角"。大家都谈了很多，每个人都使用了不同的概念，提供了不同的视角，在细节上却又彼此呼应，形成了你来我往的对话。雅斯贝尔斯认为，教育的本质是一棵树摇动另一棵树，一朵云推动另一朵云，一个灵魂召唤另一个灵魂。对话的本质似乎更胜一筹，是主体之间的思维认识在过招，前提是充满异质性的对话。写作小组的沙龙研讨就表现出如此特征。每一次研讨，我们每个人都有说话的权利，说者充分表达，听者安静倾听，这是"尊重""平视"观念的微观实践。我们的提问大多朴素直接、真诚开放，回答却是极其个人化又极富延展性，因为我们每个人都不一样，或宏大或具体，或横向或纵向，或放或收，很有互补性。那些散射的观点，热烈争论的成果，有的全部体现到了文稿里，有的就只剩下一点点星光。在直观的写作成果之外，这一场场的对话还改造了我。思考、研究、表达、回应，推动着我更加快速地打开思维边界，感性、知性和理性在实战中都得到了训练。我变得更善于接受不同的观点，更加包容。

那一天，获得了一次沉思的体验。2021年2月的一个周末，从晚上九点多开始打开电脑，想一会儿，写一会儿，越想思路越清晰，越写越精神。正在兴奋着，忽然听见了爸爸开门活动的声音。下意识看向窗外，天色已经微微泛白，新的一天到来了。大脑工作了一晚上，却浑然不觉得混沌，这可能就是一种状态。这一年多来，写作大多是在夜里进行。夜深之时，身心更容易进入到安静的状态。白日里的喧嚣慢慢褪去，思想开始活跃。无论读书、瞄准问题去琢磨，还是天马行空、漫无目的，一旦进去了，时间仿佛静止了，"我"仿佛被抽离出来，与对象之间形成一种距离，与自我之间也构成旁观者的视角。这种距离就是自我与他者的关系，最终催生出完全的自我认知与自我表达。如果说世间真的有自由，那些忘我的时刻便是最为纯粹的自由。

在这段不长不短的时间中，我的生命进入了新的阶段。比起"不惑"的美好预期，真实的场景却是困惑依然很多，还常常陷入自我博弈的循环。对此，我始终深信，对于那些没能想明白的问题，没能达到的目标，没有实现的状态，都和自己的修为有关，唯有继续扎根生活，才能找到属于我的答案。蒋勋先生在《生活十讲》的扉页上写着：有自信的人，充满富足的感觉，总是很安分地——做自己。这是我的心向往之。带着问题，继续修行，安分地，做自己。如果可能，也创造身边的小世界。

边心

2022年1月

图书在版编目（CIP）数据

小苍穹：企业思想治理体系 / 荆玉成，边心，刘毅
著 . —北京：中国城市出版社，2022.10
（数字社会企业文化三部曲）
ISBN 978-7-5074-3539-9

Ⅰ . ①小… Ⅱ . ①荆…②边…③刘… Ⅲ . ①企业文
化 - 建设 - 研究 - 中国…Ⅳ . ① F279.23

中国版本图书馆 CIP 数据核字 (2022) 第 185324 号

责任编辑：高延伟　陈　桦　杨　琪
书籍设计：康　羽
责任校对：李辰馨
绘　　画：荆玉成
绘画拍照：王泽浩
本书字体采用仓耳屏显字库。

数字社会企业文化三部曲
小苍穹　企业思想治理体系
荆玉成　边　心　刘　毅　著
＊
中国城市出版社出版、发行（北京海淀三里河路 9 号）
各地新华书店、建筑书店经销
北京雅盈中佳图文设计公司制版
北京雅昌艺术印刷有限公司印刷
＊
开本：787 毫米 ×1092 毫米　1/32　印张：$8\frac{7}{8}$　插页：2　字数：118 千字
2023 年 1 月第一版　2023 年 1 月第一次印刷
定价：**69.00** 元
ISBN 978-7-5074-3539-9
　　（904566）